부흥하는 교회 쇠퇴하는 교회

교회의 부흥과 생존을 통계로 말한다

부흥하는 교회
쇠퇴하는 교회

목회데이터연구소 지용근 김선일

규장

서문

우리 교회도 충분히 살아날 수 있다!!

"지금 한국 교회는 어디로 가고 있는가?"

이 질문은 한국 교회의 미래를 고민하는 이들이 직면한 시대적 물음이다. 이 책은 이 물음에 응답하고자 기획되었다.

과거 한국 사회의 영적 중심이자 공동체의 기반이었던 교회는 최근 들어 특히 코로나 이후 다수의 교회가 예배 회복에 어려움을 겪고 있으며, 다음세대의 급격한 감소, 교인 수 감소, 허리세대인 3040세대의 이탈, 재정 축소, 헌신자 감소, 피로 누적 등의 문제로 목회 현장은 그 어느 때보다 더 심각한 도전에 직면해 있다.

목회자는 영혼을 책임지는 사역자이자, 동시에 교회라는 조직의 리더로서 이 모든 변화와 위기를 감당해야 하는 위치에 있다. 심방과 행정, 설교와 예배, 교인 돌봄과 공동체 유지 등 다양한 역할을 수행하며 교회의 신앙을 지켜내기 위해 노력하고 있으나 코로나로 어려움을 겪으면서 목회자들의 무기력함과 고립감이 사역 현장 곳곳에서 나타나고 있다.

이런 상황 속에서 다음과 같은 질문이 제기될 수 있다.

"지금도 교회의 부흥은 가능한가?"
"그렇다면 부흥을 이끄는 핵심 요소는 무엇인가?"
"어떤 교회들이 실제로 부흥하고 있으며, 이들은 무엇을 다르게 실천하고 있는가?"

이 책은 이러한 질문에서 출발하였다.

부흥하는 교회? 쇠퇴하는 교회?

목회데이터연구소는 이 질문에 실증적이고 객관적인 데이터를 바탕으로 응답하고자, 전국의 부흥하는 교회와 쇠퇴하는 교회의 담임목사와 교인 총 1,320명을 대상으로 설문 조사를 실시하였다. 아울러 부흥하는 교회와 쇠퇴하는 교회 담임목사들을 대상으로 개별 심층 인터뷰(In-depth interview)를 병행하여 진행하였다. 단순한 경험이나 감에 의한 개인적 해석을 넘어, 통계 데이터와 실제 목회 현장의 생생한 목소리를 기반으로 '부흥하는 교회'와 '쇠퇴하는 교회'의 실체를 입체적으로 조망해

보고자 하였다.

조사 결과, 부흥하는 교회에는 공통적으로 14가지 특징이 유기적으로 작동하고 있었다. 이 14가지 특징은 ▲활발한 사역 참여 ▲미래지향성 ▲대위임령에 대한 헌신 ▲소그룹과 돌봄의 공동체성 등 네 가지 구조적 기반 위에 세워져 있었다. 반면에 쇠퇴하는 교회에서는 책임 회피, 갈등, 영적 침체, 소통 단절 등 8가지 공통된 쇠퇴의 징후가 관찰되었다.

구체적으로 부흥하는 교회는 사역이 목회자 중심이 아닌 성도 참여형 구조로 운영되고 있었으며, 소그룹이 실제 돌봄과 연결의 통로로 강하게 기능하고 있었다. 또한 봉사자, 세례자 수가 증가하고, 특히 3040세대와 다음세대 수가 증가하는 특징이 뚜렷하게 보였다. 복음에 대한 인식이 명확하고, 예배에 대한 기대와 몰입도가 높았으며, 전 교회적으로 활기차고 긍정적인 분위기가 형성되어 있었다. 목회자는 통제적 리더보다는 신뢰받는 동반자로 인식되었고, 교인들은 교회를 단지 출석하는 공간이 아닌, 함께 세우는 공동체로 인식하고 있었다. 또 목회자, 교인 모두에게서 변화를 수용하고자 하는 매우 긍정적인 태도가 발견되었다.

반면에 쇠퇴하는 교회는 구조적 피로가 누적된 상태였다. 사역은 대부분 목회자에게 집중되어 있었고, 교인들은 수동적인 참여자에 머물러 있었다. 소그룹이 활성화되지 못하고 대체로 멈춰 있었으며, 다음세대 사역도 축소되거나 중단된 경우가 많았다. 복음에 대한 관심과 선교적 시야 역시 약화된 모습이 나타났다. 공동체 내부에서는 갈등 또는 무관심이 만연했고, 교회의 미래에 대한 기대보다는 체념이 관찰되는 경우가 많았다. 목회자, 성도 모두에게서 변화에 대한 거부감이 관찰되었으며, 전체적으로 '조직은 존재하나 생명력은 미약한' 구조적 쇠퇴가 뚜렷했다.

시대적 전환이 요구되는 시점의 한국 교회

이와 같이 이 책은 마치 사람이 건강검진을 위해 몸 전체를 스캔하듯이 한국 교회의 현재 모습을 정확히 해부해서, 부흥하는 교회와 쇠퇴하는 교회의 간극을 통계적으로 규명하는 데 그 초점을 두었다. 이를 통해 각 교회가 현재 어디에 위치해 있는지를 점검하고, 교회가 어디서부터 변해야 하는지 실질적인 도움을 주고자 하였다.

따라서 지금도 어떻게 해야 할지 몰라 답답함 가운데 있는 많은 목회자들에게 현재의 진단을 통한 해결 방안을 제시함으로써 "우리 교회도 충분히 살아날 수 있다"는 희망을 주고 싶었다. 어찌 보면 약간의 컨설팅(semi-consulting) 기능이 포함된 책이라 할 수 있다.

지금은 회복보다 '전환'이 요구되는 시점이다. 단순히 코로나 이전 상태로 회귀하는 것이 아니라, 새로운 사역, 문화, 리더십, 복음의 전달 방식을 모색해야 하는 시기이다. 교회는 본질에 충실하면서도 시대의 언어를 담아낼 수 있는 유연성을 갖춘 새로운 그릇으로 재정립되어야 한다.

부흥은 지금도 가능하다. 그것은 단지 수적 증가가 아닌, 복음이 온전히 선포되고, 제자가 양육되며, 공동체가 살아 움직이고, 다음세대가 하나님나라의 비전을 품고 자라나는 과정이다. 그 시작은 목회자와 교회 리더들의 변화 지향적 태도에서 출발한다. 이 책이 그러한 여정을 시작하는 데 실질적인 안내서로 활용되기를 기대한다.

한국 교회를 위한 부단한 조사통계 사역

이 책은 다른 책과 달리 조사 데이터를 근간으로 제작되었다. 조사는 처음부터 끝까지 오차와의 싸움이다. 이 조사를 진행하면서 설문지 작업, 실사, 자료처리, 보고서 작성의 긴 여정을 묵묵히 수행하면서 무려 400쪽이 넘는 방대한 조사보고서를 완성해낸 우리 연구소의 김찬솔 과장과 심층 인터뷰(정성조사) 결과를 정리 분석해주신 정성조사 전문가 차지영 실장의 헌신에 깊이 감사드린다. 매번 많은 통계 그래프 작업과 확인을 감당해주는 규장 편집부와 디자인팀에 감사한다. 무엇보다 전체 보고서를 세심하게 검토하고, 책의 원고로 정리해주신 웨스트민스터신학대학원대학교 김선일 교수님의 노고에 진심으로 감사를 드린다.

목회데이터연구소는 한국 교회에 조사통계 분야라는 새로운 분야를 본격적으로 소개한 연구소다. 우리 연구소에서 나오는 모든 보고서, 책자는 조사통계를 바탕으로 만들어진다.

"조사는 결코 화려하거나 스스로 빛나는 업(業)이 아니다. 사회의 명암, 좌우 대립, 빈부 문제, 정보 격차, 과거와 미래 등을 두루 살펴 매 순간 어느 한쪽으로 치우치지 않도록 스스로 경계하며 꾸준히 공부하고 탐구하는 일이다. 때로는 관행과 시류에 맞서야 하고, 때로는 비난과 질시를 묵묵히 견뎌야 한다. 어렵지만 누군가는 반드시 해야 할 일, 힘들지만 그만큼 보람된 일이다."

조사인으로서 오늘의 나를 있게 만든, 나의 스승 한국갤럽 고(故) 박무익 회장님의 생전 고백의 말로 우리 연구소의 앞으로의 다짐을 갈음하며, 이 책을 한국 교회에 내놓을 수 있도록 인도하신 하나님께 모든 영광을 돌린다.

2025년 여름
목회데이터연구소 대표 지용근

여는 글

부흥하는 교회와 쇠퇴하는 교회는 무엇이 다른가?

모든 교회는 부흥을 열망한다. 부흥은 교회의 본질이 새롭게 살아나고, 말씀과 성령 안에서 성도들의 삶이 깊어지는 질적 성숙을 의미한다. 왜냐하면 부흥은 단순한 성장이나 분위기의 고조가 아니라 복음이 선포되고, 전면적인 회개가 일어나며, 하나님을 예배하는 자들이 늘어나는 구속사의 절정이기 때문이다. 부흥은 교회가 그리스도의 몸으로서 성령의 충만하신 임재 아래 하나님의 은혜에 동참하는 사건이며, 참된 기쁨과 사명, 그리고 영적 열매가 풍성해지는 하나님나라의 실제를 경험하게 한다.

그러나 오늘의 한국 교회는 과연 부흥의 계절을 살고 있는가? 안타깝게도 많은 이들이 이미 부흥의 시간이 지나갔다고 느끼고 있다. 교회에 대한 사회적 신뢰는 추락하고 있으며, 개인의 자유와 라이프스타일이 강조되는 시대 흐름 속에서 신앙적 헌신은 점점 약화되고 있다. 이제는 과거와 같은 폭발적인 교회 성장도 기대하기 어렵게 되었다. 그러나 우리는 믿는다. 역사의 주인이신 하나님은, 어떠한 상황 속에서도 그의 교회를 통해 새로운 영적 각성과 회복을 일으키시는 분이라는 것을.

이 책은 이러한 부흥에 대한 열망과 신념에서 출발하였다. 그리고 그 열망은 단순한 이론이나 이상이 아니라, 실증적인 조사와 통계를 통해 실제로 부흥하는 교회들이 어떻게 다르게 살아 움직이고 있는지를 추적하는 데 집중되었다. 교회는 유기체로서 변화에 직면하여 변화한다. 교회가 쇠퇴하는 것과 부흥하는 것에는 분명한 특징이 있다. 그 특징은 교회 외적인 것일 수도 있고, 내적인 것일 수도 있다. 만약 부흥하는 교회와 쇠퇴하는 교회에 영향을 주는 요인을 분석할 수 있다면 코로나 이후 한국 교회에 닥친 위기를 타개하는 단서를 제공할 수 있을 것이다. 우리는 이번 연구에서 한국 교회의 다양한 사례들을 깊이 있게 살펴보았고, 그 결과 부흥하는 교회들과 쇠퇴하는 교회들 사이에 구조적 문화적 차이가 분명하게 존재함을 확인할 수 있었다.

'부흥'은 성령의 역사를 통해서 회개와 각성이 광범위하게 일어나는 영적 현상을 의미하지만,[1] 동시에 실제 교회의 성장과 활성화, 사역의 확장, 성도의 참여와 헌신 증가 등의 객관적 지표와도 결합되어 있다. 부흥은 인간적 성과가 아니라 하나님의 역사에 동참하는 응답의 형태이다. 그러나 그 응답을 위해 우리의 구조와 문화, 태도와 공동체성을 어떻게 세워가야 하는지를 인식하고 실천하는 것은 교회의 책임이다.

이 책에서 추구하는 부흥의 개념은 복음의 능력 안에서 성도들이 삶의 실제에서 변화되고, 교회가 그 사명을 회복해가는 전인적 성장이라 할 수 있다. 단순히 수적 성장만 의미하는 것이 아니라 교회의 전 사역들과 성도들이 총체적, 유기적으로 협력하며 그리스도의 몸을 이루고 있느냐에 초점을 맞췄다. 우리는 이를 실증적으로 추적하기 위해 전국의 다양한 교회를 대상으로 광범위한 조사를 진행했고, 그 결과 부흥하는 교회에 공통적으로 나타나는 14가지 특징을 도출할 수 있었다. 이 14가지 특징은 크게 네 가지 구조적 기둥 – 사역 참여 문화, 미래지향적 실천, 대위임령에 대한 헌신, 함께하는 공동체 – 으로 집약된다. 동시에 그에 반대인 쇠퇴하는 교회에는 이러한 특징이 없으며, 정성조사를 통해 드러난 공통된 8가지 쇠퇴의 징후가 나타나고 있었다.

미국의 교회성장학자 톰 레이너(Thom Rainer)는 교회가 죽어가는 이유를 분석하고, 다시 살아나는 교회들이 어떤 공통된 특성을 갖는지를 면밀히 추적하며 실천적 통찰을 제시한 바 있다. 우리도 한국 교회 현실에 맞게 이러한 시도를 심화시키고자 했다. 부흥하는 교회와 쇠퇴하는 교회의 구조와 문화를 정량적(Quantitative, 설문 조사) 및 정성적(Qualitative, 심층 인터뷰) 방법을 통해 입체적으로 분석하고, 이를 통해 오늘날 한국 교회 부흥의 방향성과 실천 가능한 전략을 모색하고자 하였다.

부흥하는 교회와 쇠퇴하는 교회의 특징

부흥하는 교회와 쇠퇴하는 교회는 다양한 면에서 차이를 보인다. 우선 교회 규모, 교인들의 연령 분포 등 기본 특성에서의 차이를 살펴보고자 한다.

1. 교회 규모

먼저 부흥하는 교회는 출석교인 30명 이하 규모가 15.6%인데 반해,

교회 규모 (%)

교회 규모(출석교인)	부흥하는 교회	쇠퇴하는 교회
30명 미만	15.6	35.6
30-50명 미만	20.6	13.8
50-100명 미만	16.3	20.0
100명-500명 미만	38.1	25.0
500명 이상	9.4	5.6
계	100.0	100.0

*출처 : 목회데이터연구소, '교회 성장과 쇠퇴 관련 조사'(과거 5년간 교인 정체/증가 & 향후 5년간 교인 증가 예상하는 담임목사 160명, 과거 5년간 교인 정체/감소 & 향후 5년간 교인 감소 예상하는 담임목사 160명 총 320명, 온라인조사, 지앤컴리서치, 2025.03.26.~04.09.)

쇠퇴하는 교회는 35.6%로 두 그룹 간 두 배 이상 차이를 보이고 있다. 그만큼 지금의 교회 환경이 30명 이하 초소형 교회가 부흥하기 어려운 상황이라는 것을 알 수 있다. 이를 약간 확대시켜서 100명 이하 규모 기준으로 보더라도 부흥하는 교회 52.5%, 쇠퇴하는 교회 69.4%로 상대적으로 소형 교회가 쇠퇴하는 경향을 더 보이는 것으로 나타났다.

2. 교인 연령 분포

부흥하는 교회는 연령대가 고르게 분포되어 있다. 학생부 19.3%, 청년 18.1%, 장년 38.2%, 시니어 24.5%로 다세대가 공존하는 건강한 구조를 가진다. 쇠퇴하는 교회는 시니어 46.2%로 절반 가까이를 차지하며, 학생부(11.4%)와 청년(10.5%)의 비중이 낮아 고령화가 심화되어 있다.

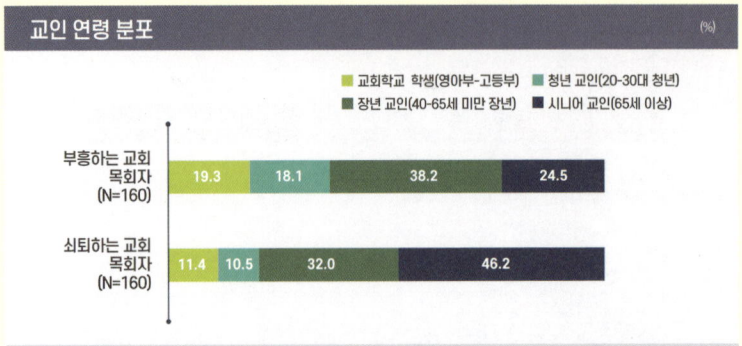

부흥하는 교회와 쇠퇴하는 교회의 지난 5년간 주요 지표 변화(%)

교회의 생명력은 단순한 교인 수가 아니라 연령 분포, 사역 참여도, 세례 및 회심자 수 등 복합적인 지표를 통해 나타난다. 본 조사에 따르면 부흥하는 교회와 쇠퇴하는 교회는 거의 모든 주요 지표에서 뚜렷한 차이를 보인다.

1. 주요 지표 변화

다음 그래프가 보여주듯, 부흥하는 교회는 전체 교인 수를 비롯해 새신자, 다음세대, 3040, 회심자, 봉사자, 세례자 등 거의 모든 지표에서 증가세를 보인다. 5년 전(코로나 이전)보다 각 영역에서 증가했는지 감소했는지를 물은 결과, '전체 교인 수가 증가했다'는 응답이 57.5%, '새신자가 증가했다' 57.5%, '회심자가 증가했다' 54.4%, '봉사자가 증가했다' 51.9% 등으로 나타났는데, 이는 교회 내외적 활력을 반영한다.

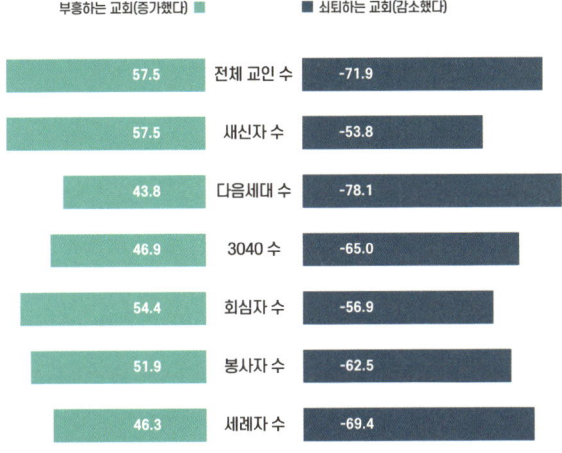

쇠퇴하는 교회는 대부분의 영역에서 감소가 두드러진다. '전체 교인 수가 감소했다' 71.9%, '다음세대가 감소했다' 78.1%, '세례자 수가 감소했다' 69.4% 등으로 사역의 동력 자체가 약화된 모습이다.

2. 교회의 미래에 대한 인식과 대응력

미래에 대한 인식과 대응 방식은 교회의 전략 방향을 결정하는 중요한 기준이다. 부흥하는 교회와 쇠퇴하는 교회는 현실 인식의 초점부터 크게 다르다. 부흥하는 교회는 미래 성장의 요인으로 '예배와 설교'를 가장 중요하게 여기며, '교인 간의 친밀한 교제', '소그룹 활성화'를 뒤따르는 요인으로 인식한다. 이는 교회의 내적 역량 강화와 공동체성 회복을 중심에 둔 시각이다.

쇠퇴하는 교회는 교인 감소의 주요 원인으로 '3040세대의 감소', '다음세대의 부재', '지역 인구 감소'를 꼽는다. 이는 외부 환경 요인에 대한 의존도가 높고, 내부의 구조적 대처가 부족함을 반영한다. 또한 부흥 여부와 관계없이 목회자와 성도 모두 '예배와 설교'를 핵심 요소로 인식하고 있다는 공통점이 있다. 특이한 점은, 쇠퇴하는 교회의 성도는 교회가 시대 변화에 부응하지 못하는 것을 교인 감소의 중요 요인 중 하나로 인식하지만, 목회자는 이에 대해 무감각한 경향을 보인다는 것이다.

3. 교회 분위기와 활력의 차이

교회의 분위기는 외부에 드러나지 않지만, 성장의 지속 가능성을 가늠하는 핵심 정성 지표다. 활력 있는 분위기는 성도들의 헌신, 공동체 감정, 사역 참여 등 다양한 측면에 긍정적 영향을 미친다. 부흥하는 교회는 '활력 있다'는 응답이 목회자 86.3%, 성도 86.0%로 매우 높았다. 이는 사역의 분위기와 공동체의 열정이 살아 있음을 의미한다. 반대로 쇠퇴하는 교회는 '활력 있다'는 응답이 목회자 29.4%, 성도 37.4%에 그쳤다. 교회의 전반적인 분위기가 침체와 무기력으로 규정되고 있음을 보여준다.

부흥의 네 가지 기둥

이번 조사에서는 코로나 이전과 비교하여 전체 교인 수가 얼마나 변화했는지를 기준(종속변수)으로 삼고, 여기에 영향을 줄 수 있는 다양한 교회 상황들(독립변수)을 함께 살펴보았다. 이를 위해 상관관계 분석을 실시한 결과, 전체 교인 수 변화와 밀접한 관계를 맺고 있는 유의미한 요인 14가지를 확인했으며, 이를 부흥하는 교회의 주요 특징으로 선정했다. 그리고 그 14가지 요인들을 더 큰 범주인 네 가지 기둥으로 구분하여 논의를 전개하였다.

1. 사역 참여 문화

① 봉사자 수의 증가 : 교회의 부흥은 헌신하는 봉사자의 수와 긴밀하게 연결되어 있다. 방관자에서 참여자, 동역자로의 전환이 부흥의 동력이 된다.

② 사역 프로그램의 확대 : 다양한 사역의 기회는 교인들에게 은사에 따라 교회를 섬길 수 있는 폭넓은 통로를 제공한다.

③ 높은 사역 참여도 : 단순한 프로그램 보유를 넘어, 교인들의 실제 참여율이 높은 교회일수록 공동체의 역동성과 성장 가능성이 크다.

④ 평신도 사역의 활성화 : 목회자 중심 구조가 아니라, 평신도들이 사역의 주체로 활발히 활동하는 교회가 부흥한다.

2. 미래지향적 실천

⑤ 3040세대 교인 수의 증가 : 교회의 허리세대인 3040세대는 다음세대를 연결하고 교회를 지속 가능하게 이끄는 핵심 세대다.

⑥ 다음세대의 부흥 : 다음세대가 살아 있는 교회는 오늘도 건강하게 성장하고 있으며, 그 수는 교회 부흥과 밀접한 관계를 가진다. 이제는 다음세대가 독립적으로 움직이는 것이 아니라 가족종교화 시대로, 그들

의 부모세대, 즉 3040세대와 함께 움직이고 있음을 보여준다.

⑦ 부모교육의 활성화 : 다음세대 신앙 형성에 가장 큰 영향을 미치는 부모를 위한 교육이 운영되는 교회일수록 다음세대 사역이 견고하다.

3. 대위임령에 헌신

⑧ 세례자 수의 증가 : 회심과 제자 삼기의 열매로서 세례자 수의 증가는 단순한 출석자 수보다 더 본질적인 교회 부흥의 지표이다.

⑨ 전도의 실천과 문화 : 복음을 말과 삶으로 전하는 전도의 실천이 이어지는 교회는 지속적으로 새 생명을 품는다.

⑩ 새가족 교육의 체계화 : 등록한 새신자가 정착하고 헌신하는 교인으로 성장할 수 있도록 돕는 새가족 교육이 잘 이루어지는 교회가 부흥한다.

⑪ 외부 예산 지출의 비중 : 선교, 구제, 지역 봉사 등 외부 예산 지출 비중이 높은 교회는 복음의 공공성을 실천하며 성장하고 있다.

4. 함께하는 공동체

⑫ 소그룹 사역의 활성화 : 성도 간 신앙 나눔과 돌봄이 가능한 소그룹이 활발히 운영되는 교회는 공동체 내부가 건강하고 강하다.

⑬ 교인들의 변화 수용도 : 새로운 사역과 제도, 변화에 대해 성도들이 열린 태도를 보이는 교회일수록 생명력 있는 부흥이 가능하다.

⑭ 교인들의 개혁 의지 : 교회가 스스로 문제를 인식하고 개선하려는 의지를 가질 때, 복음의 본질을 시대 속에서 새롭게 살아낼 수 있다.

이상 14가지는 부흥하는 교회가 어떤 구조, 문화, 리더십, 사명 속에서 성장하고 있는지를 구체적으로 보여준다. 오늘날 교회는 이 네 개의 기둥 위에 건강한 교회 생태계를 세워갈 필요가 있다. 교회의 부흥은 우연이 아니라 의도된 문화와 구조, 그리고 복음에 대한 충실한 실천에서 비롯된다.

본 연구 조사의 설계

1. 정량조사

(1) 목적 : 정량조사(Quantitative research)는 한국 교회의 성장과 쇠퇴에 영향을 미치는 요인을 실증적으로 분석하고, 교회 회복을 위한 실제적 시사점을 도출하기 위해 실시하였다.

(2) 추진 과정 : 기존 문헌과 목회데이터연구소의 그간의 교회 분석 지표들을 종합 검토하여 '부흥하는 교회'와 '쇠퇴하는 교회'를 설명할 수 있는 주요 요인과 변수를 도출하였다. 이를 바탕으로 조사전문가, 목회자, 연구기관 관계자 등으로 구성된 TFT(Task Force Team)가 설문 항목을 개발하고 타당성을 검토하였다. 설문은 온라인과 모바일 방식으로 실시하였고, 불성실하거나 이상 응답을 제거하여 유효 표본만을 분석에 활용하였다.

(3) 정량조사 세부 설계
① 조사 대상 및 구분
이번 조사는 부흥하는 교회와 쇠퇴하는 교회를 구분하여, 담임목사

와 성도(교회출석자)를 대상으로 실시하였다. 부흥하는 교회는 최근 5년간 교인 수가 정체되었거나 증가하였고, 향후 5년간 증가할 것으로 예상되는 교회다. 쇠퇴하는 교회는 최근 5년간 교인 수가 정체되었거나 감소하였고, 향후에도 감소가 예상되는 교회다.

② 표본 규모와 조사 방법, 조사 기간

목회자(담임목사) 조사는 부흥하는 교회, 쇠퇴하는 교회 각각 160명을 대상으로 하였고, 성도(교회출석자) 조사는 각 그룹별 500명씩 총 1,000명의 유효 표본을 확보하여 온라인 패널을 대상으로 한 온라인 조사로 진행하였다. 표본추출방법은 유의할당추출(Purposive quota sampling) 방식이고, 조사는 2025년 3월 26일부터 4월 9일까지 14일간 진행하였다.

③ 조사 수행과 자료처리

수집된 자료는 SPSS 20.0 for Windows를 활용하여 통계 처리하였으며, 조사는 목회데이터연구소의 의뢰로 ㈜지앤컴리서치가 수행하였다.

2. 정성조사

(1) 목적 : 정성조사(Qualitative research; In-depth interview)는 정량조사만으로는 파악하기 어려운 교회의 실제 맥락과 사례를 이해하기 위해 실시하였다. 특히 부흥하는 교회와 쇠퇴하는 교회의 담임목사를 대상으로 심층 인터뷰(In-depth Interview)를 진행하여, 교회 유형별 특성과 배경 요인을 구체적으로 파악하고자 하였다.

(2) 추진 과정 : 인터뷰 대상자는 신학교 교수나 대형 교회 목회자의 추천을 받거나, 정량조사에 참여한 목회자 중 총 10명의 목회자가 선정되었으며, 부흥하는 교회와 쇠퇴하는 교회 각각 5명씩 포함하였다. 인터뷰는 2차 자료와 설문 문항을 기반으로 작성한 가이드라인에 따라 반구조화된 형식으로 2025년 4월 8일부터 4월 15일까지 총 8일간 진행하였다. 전문 인터뷰어가 대면 또는 온라인 화상회의(ZOOM)를 통해 유연하고 깊이 있는 대화를 나누었다. 인터뷰는 2-3시간 정도 진행했으며, 인터뷰 내용은 스크립트로 정리한 뒤 주제별로 코딩과 범주화를 거쳐 분석하였다. 이 결과는 정량조사와 함께 통합 분석하여 교회 유형별 특성을 종합적으로 해석하는 데 활용하였다.

이와 같은 정량 및 정성조사를 통해 본 연구는 단순한 수치 분석을 넘어, 실제 목회 현장에 적용 가능한 구체적이고 종합적인 인사이트를 제공하고자 하였다.

(3) 응답자 특성

심층 인터뷰 (목회자)

부흥하는 교회/이름	규모	쇠퇴하는 교회/이름	규모
1. 서울 S교회 K목사	1,000명	1. 서울 S교회 H목사	150명
2. 수원 H교회 C목사	1,000명	2. 서울 H교회 P목사	300명
3. 동탄 S교회 P목사	1,000명	3. 공주 M교회 L목사	30-49명
4. 서울 D교회 S목사	3,000명	4. 안산 S교회 K목사	30-49명
5. 화성 J교회 K목사	200-250명	5. 죽전 B교회 L목사	30명 미만

서문

여는 글

1부   부흥하는 교회에는 사역 참여 문화가 있다

01 봉사자 수의 증가   31

02 사역 프로그램의 확대   39

03 높은 사역 참여도   48

04 평신도 사역의 활성화   57

2부   부흥하는 교회는 미래지향적이다

05 3040세대 수의 증가   69

06 다음세대의 부흥   77

07 부모교육의 활성화   85

차례

3부 부흥하는 교회는 대위임령에 헌신한다

08 세례자 수의 증가 99
09 전도의 실천과 문화 107
10 새가족 교육의 체계화 116
11 교회 담장을 넘는 재정 124

4부 부흥하는 교회는 함께하는 공동체다

12 소그룹 사역의 활성화 137
13 교인들의 변화 수용도 145
14 교인들의 개혁 의지 153

5부 쇠퇴하는 교회는 왜 죽어가는가?

15 책임 전가 165
16 교회 내 갈등과 대립 171
17 목회자의 영적 침체 178
18 기도와 영성의 약화 184
19 소통과 교제의 단절 189
20 줄어드는 봉사 195
21 비전의 부재 202
22 잃어버린 허리세대 210

닫는 글

부록

한국과 미국의 부흥하는 교회 비교

부흥하는 교회 vs 쇠퇴하는 교회 주요 변수간 상관관계 분석표

정량조사 결과 요약

정성조사 결과 요약

교회 진단 검사지

미주

1
PART

부흥하는 교회에는
사역 참여 문화가 있다

부흥하는 교회와 쇠퇴하는 교회를 가르는 가장 뚜렷한 차이는 사역에 참여하는 문화가 존재하느냐였다. 부흥하는 교회는 교인들에게 예배 참석을 넘어 다양한 사역에 참여할 수 있는 기회를 제공하며, 성도들은 이를 통해 신앙의 성장과 공동체 기여를 동시에 경험하고 있다. 교회의 사역 프로그램은 예배, 전도, 선교, 교회학교, 기도회, 사회봉사 등 기본적인 영역뿐 아니라 새가족 교육, 소그룹, 세대별 양육 등으로 다양화되고 있으며, 부흥하는 교회는 이 모든 사역에서 참여율과 만족도가 높게 나타났다. 단순히 프로그램을 많이 갖췄기 때문이 아니라 성도들이 자발적으로 헌신하는 참여적 문화가 형성되어 있기 때문이다. 이러한 문화는 평신도를 단순한 수동적 신자가 아닌 사역의 주체로 세우는 방향으로 나아간다. 부흥하는 교회는 성도의 영적 필요를 채우는 동시에, 그들을 봉사자로 세우는 데 헌신하고 있으며, 이는 자연스럽게 평신도 사역의 활성화로 이어지고 있다.

01
봉사자 수의 증가

사람들은 마음의 평안을 위해 교회를 찾는다. 그래서 사람들을 잘 보듬고 품어주는 교회가 잘 되리라고 생각한다. 교인들이 부담 없이 머물 수 있는 환경을 만들고, 질 높은 종교적 서비스를 제공하면 교인이 늘어난다는 생각이 은근히 퍼져 있다. 그러나 이번 조사 결과는 그러한 통념에 질문을 던진다. 교인 수 증가와 가장 높은 상관관계를 보인 요인이 뜻밖에도 '봉사자 수의 증가'였기 때문이다. '교인들에게 얼마나 만족을 주는가'가 아니라, '얼마나 많은 교인이 실제 봉사자로 세워지고 있는가'가 교회 부흥에서 가장 중요한 요인이라는 점은 의미심장하다. 교회는 본질적으로 그리스도를 따르고 헌신하는 제자들의 공동체이기 때문이다.

목회자라면 누구나 공감할 것이다. 봉사자를 세우는 일이 얼마나 어려운지를! 연말이 되면 많은 교회가 새해 사역을 위한 봉사자를 채우지 못해 고민한다. 시대 전반에 걸친 헌신의 약화는 이 일을 더욱 어렵게 만든다. 하지만 이번 조사 결과는 이러한 시대적 흐름과 대조

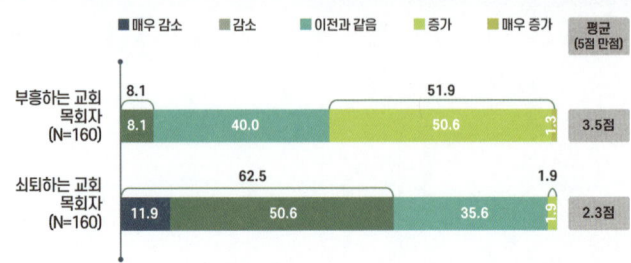

되었다. 교인 수 증가에 가장 높은 상관성을 보인 항목이 바로 '봉사자의 증가'였다. 부흥하는 교회에서 나타난 14개의 주요 요인 가운데, 봉사자 수의 증가는 가장 강한 연관성을 보였다. 이는 교회가 성장할 때 단순히 출석 인원만 늘어나는 것이 아니라, 함께 일하고 헌신하는 사람이 늘어날 때 진정한 부흥이 이루어진다는 뜻이다.

물론 봉사자의 증가가 곧 교인 수 증가의 직접 원인이라고 단정할 수는 없다. 그러나 두 요소 사이에는 밀접한 상호작용이 존재한다. 마치 자전거의 앞바퀴와 뒷바퀴처럼 봉사자와 교인 수는 함께 굴러간다. 반대로 봉사자가 줄어들면 교인 수 역시 줄어들 가능성이 크다. 실제로 코로나 이전과 비교해 봉사자 수가 증가했다고 응답한 교회는 부흥하는 교회에서 51.9%였지만, 쇠퇴하는 교회는 고작 1.9%에 불과했다. 이 차이는 봉사자 증가가 교회 부흥과 얼마나 긴밀히 연결되어 있는지를 명확히 보여준다. 결국 봉사자의 증가는 단순한 도움이 아니라, 교회의 부흥을 이끄는 핵심 동력임이 이번 조사를 통해 확인되었다.

핵심 인사이트

교회를 부흥하게 하는 가장 유력한 요인으로 봉사자 수의 증가를 고려해야 한다는 것은 실제 목회 사역에 무슨 의미를 지닐까? 교인들로 하여금 교회의 여러 사역에 봉사자로 참여시키는 것이 교회 부흥의 전략이란 말인가? 가뜩이나 한국 교회의 전반적인 교세가 줄고, 갈수록 교회마다 봉사자를 찾기 어려워지는 상황에서 봉사자의 증가와 교회 부흥 사이에 가장 긴밀한 연관성이 있다는 결과는 목회 현장에 어떤 교훈을 줄까?

1. 봉사의 삶은 제자도의 첫걸음이다

부흥하는 교회는 다른 영역에서도 수적 증가가 일어났다. 전체 교인 수가 늘어나는 가운데 새신자, 회심자, 세례자가 늘어나고, 그에 부응하여 다음세대와 3040세대 역시 함께 늘어난다고 볼 수 있다. 봉사자 수가 늘어나는 것도 이에 따른 자연스러운 결과로 볼 만하다.

하지만 봉사자 수의 증가가 의미하는 성격은 약간 다른 차원을 지닌다. 새신자, 회심자, 세례자, 다음세대, 3040세대의 증가가 교회에서 제공하는 신앙 사역의 혜택을 누리는 자들의 증가라면, 봉사자 수의 증가는 교회 사역에 능동적으로 참여하는 이들이 늘어남을 의미한다. 교회 안에서의 봉사이든, 교회 밖에서의 봉사이든, 성도는 봉사를

코로나 이전 대비 봉사자 수 변화 (교회 규모별, 목회자 160명 대상) (%)

부흥하는 교회			쇠퇴하는 교회		
교회 규모	감소	증가	교회 규모	감소	증가
30명 미만	4.0	48.0	30명 미만	70.2	0.0
30-50명 미만	15.2	42.4	30-50명 미만	54.5	9.1
50-100명 미만	7.7	38.5	50-100명 미만	56.3	3.1
100명-500명 미만	6.6	57.4	100명-500명 미만	57.5	0.0
500명 이상	6.7	80.0	500명 이상	77.8	0.0

*출처 : 목회데이터연구소, '교회 성장과 쇠퇴 관련 조사'(과거 5년간 교인 정체/증가 & 향후 5년간 교인 증가 예상하는 담임목사 160명, 과거 5년간 교인 정체/감소 & 향후 5년간 교인 감소 예상하는 담임목사 160명 총 320명, 온라인조사, 지앤컴리서치, 2025.03.26.~04.09.)

통해 믿음과 그리스도를 따르는 제자도를 증명하게 된다. 따라서 교회 봉사자가 늘어난다는 것은 단순한 신자의 삶에 머무르지 않고 제자의 삶으로 들어서는 이들이 늘어날 잠재력을 보여준다.

2. 봉사자가 대형 교회에서만 늘어나지는 않는다

봉사자 수가 늘어난 것은 교회 규모가 커진 데 따른 파생적인 결과라기보다는 성도의 자발적 참여와 신앙 사역 및 공동체의 활성화로 인한 결과로 볼 수 있다. 그런데 여기서 한 가지 의문이 든다. 봉사자 수의 증가가 교회 규모에 따라 비례하는 것은 아닐까? 교회가 크니까 봉사자 수가 많은 것은 아닐까? 반드시 그런 것은 아니다. 부흥하는 교회 중 500명 이상 규모의 교회에서만 봉사자 수가 증가했다는 응답이 80%로 가장 높긴 하다. 그러나 다른 규모의 교회들에서는 교회 규모가 크다고 해서 봉사자 수가 비례해서 증가한 것은 아니었다. 오히려 30명 미만 교회의 봉사자 수 증가 비율이 그보다 좀 더 큰 규모의 교회들보다 높았다.

이러한 지표는 봉사자 수의 증가뿐 아니라 사역 프로그램 수의 증가가 중대형 교회의 전유물이 아님을 보여준다. 교회에 인적, 물적 자원이 상대적으로 풍성할 경우, 더 많은 사역 프로그램들이 제공될 가능성은 높다. 그리고 이는 성도들에게 사역 참여의 기회를 더욱 넓힐 것이다. 하지만 작은 교회라고 해서 성도들이 사역에 접근하는 통로가 제한되는 것은 아니다. 작은 교회의 성도들은 교회의 현황과 다른 교우들의 필요에 더욱 근접할 수 있다.

목회데이터연구소에서 펴낸 《한국 교회 진단 리포트》(두란노)에 의하면, 전반적으로 대형 교회가 다양하고 많은 사역 프로그램들을 갖추고 있지만, 작은 교회의 교인들이 실제 사역에 참여하고 관심을 보이는 데 오히려 더 적극적이라는 지표들이 있다. 예를 들어, '교회 성장을 위한 아이디어를 생각해본 적이 있다'는 대답에 100명 미만의 교회 성도들은 38.4%가 '그렇다'고 응답한 반면, 1,000명 이상의 교회 성도들은 20.7%만이 '그렇다'고 응답했다. 선교에 대한 관심에서도 50명 미만 교회의 성도는 38.5%가 동의한 반면, 1,000명 이상인 교회의 성도는 29.8%가 동의했다.

즉 작은 교회의 성도들은 자기 교회의 다음세대 사역과 선교 사역에 대해서 대형 교회 교인들에 비해 더 많은 관심과 책임감을 느낀다는 것이다. 실제로 작은 교회의 상황은 비율상 더 많은 교인들이 봉사해야 할 조건일 것이다. 오히려 봉사의 피로가 누적될 우려도 있다.

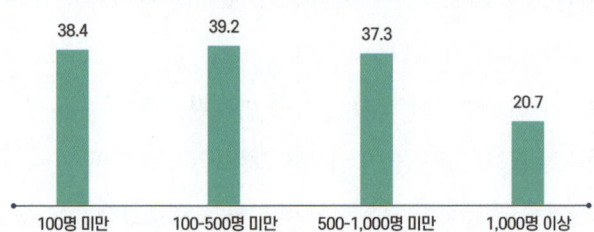

*출처: 목회데이터연구소, "한국교회 진단 조사-교육"(전국의 만 19세 이상 개신교인 남녀 교회 출석자 1,000명, 온라인조사, 지앤컴리서치, 2023.11.14~21.)

따라서 작은 교회의 특성상 교인들이 교회의 현황과 사역에 대해 더욱 관심을 가질 수 있음을 보여준다. 교회가 작다고 해서 반드시 봉사자 비율과 봉사 활성도가 낮아지는 것은 아니다.

핵심 과제

교인 수 증감과 봉사자 수의 상관관계가 높다는 것은 단순한 통계적 결과가 아니라 교회의 본질과 성경적 가치관에 깊이 뿌리내린 중요한 의미를 지닌다. 교회는 정서적 위로와 내면의 평안을 원하는 종교 소비자들의 쇼핑 장소가 아니다. 교회는 예수 그리스도를 따르는 제자들의 공동체로서 하나님나라의 복음을 전하고 세상을 섬기는 제자를 양성하는 공동체다. 모든 성도는 하나님의 은혜로 구원받은 자녀들이지만, 또한 그리스도의 장성한 분량에 이르기까지 성장해야 한

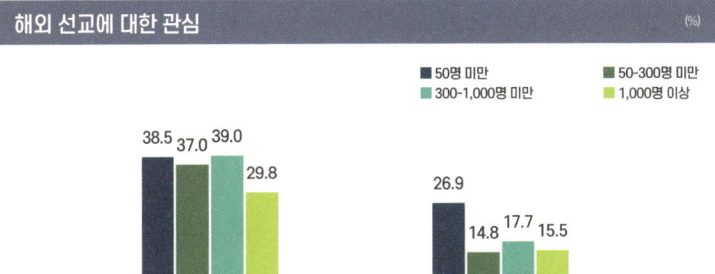

다. 함께 모여 예배만 드리는 것이 아니라 그리스도의 몸을 이루도록 서로 격려하며 돌보는 상호 책임의 공동체여야 한다.

이를 위하여 교회의 핵심 사역들이 존재한다. "그가 어떤 사람은 사도로, 어떤 사람은 선지자로, 어떤 사람은 복음 전하는 자로, 어떤 사람은 목사와 교사로 삼으셨으니 이는 성도를 온전하게 하여 봉사의 일을 하게 하며 그리스도의 몸을 세우려 하심이라"(엡 4:11-12). 복음을 전하고 말씀을 가르치고 영혼을 목양하는 교회의 모든 사역은 궁극적으로 성도를 봉사자로 세우기 위함이다. 존 스토트(John Stott)는 이 구절에 대한 주석에서 "목사와 교사를 교회에 주신 그리스도의 당면한 목적은 그들의 말씀 사역을 통해 그분의 모든 백성이 다양한 사역을 하도록 구비시키는 것"이라고 했다.[2]

따라서 부흥하는 교회에서 나타난 봉사자의 증가는 에베소서 4

장이 추구하는 '전 교인 사역'이라는 성경적 비전에 더욱 가까이 가는 것이다.

> "훈련이 굉장히 중요해요. 저는 중보기도 훈련, 전도폭발 훈련으로 이분들이 일꾼으로 세워지게 되면서 코로나 기간도 굉장히 건강하게 지낼 수 있었어요."

한 부흥하는 교회 목회자의 고백이다. 그는 교회를 처음 시작할 때부터 제자훈련에 많은 신경을 쓰면서 성도를 봉사자로 세우는 데 전력하며 코로나라는 엄혹한 시기를 잘 통과할 수 있었다고 한다.

교회가 부흥한다는 것은 단순히 숫자가 느는 것을 넘어, 몸의 각 지체(교인)가 자신의 은사를 따라 봉사의 일에 참여하며 서로를 섬기는 공동체가 되는 것이다. 교인 수가 증가하고 새로운 교인들이 유입된다는 것 자체가 긍정적 가치를 지니는 것이 아니다. 그들이 수동적인 '종교 소비자'가 아니라 교회의 '지체'로서 적극적으로 섬김의 자리에 참여하게 될 때 비로소 건강한 성장이 이루어진다. 따라서 봉사자 수의 증가는 곧 교회 공동체의 활성화와 성숙도를 나타내는 지표라 할 수 있다.

02
사역 프로그램의 확대

부흥하는 교회에서 봉사자의 수가 증가하려면 교회 안에 사역 프로그램이 다양하게 갖춰져 있어야 한다. 사역 프로그램의 수는 교인 수 증가와 14가지 항목[3] 중 6번째로 상관성이 높은 지표였다. (부록 2 참조) 성도를 봉사자로 세우는 목회적 사명은 교회 사역 프로그램의 다양화를 기반으로 한다.

부흥하는 교회에서는 코로나 이후에 사역 프로그램 수가 코로나 이전에 비해 증가했다는 목회자들의 응답이 43.8%였으나, 쇠퇴하는 교회의 목회자들은 7.5%만이 증가했다고 답했다. 부흥하는 교회 성도들의 55.5%가 코로나 이후에 사역 프로그램 수가 증가했다고 답했으며, 쇠퇴하는 교회 성도들은 6.7%만이 사역 프로그램의 수가 증가했다고 답했다. 사역 프로그램은 교회에서 일반적으로 시행하는 예배, 교육, 친교, 선교, 봉사와 같은 대표적 5대 영역과 성도의 영적 필요에 부응하기 위해 제시되는 새신자 교육이나 연령별 교육, 신앙 소그룹 등이 있다. 이러한 사역 프로그램들이 원만하고 효과적으로 진행되기

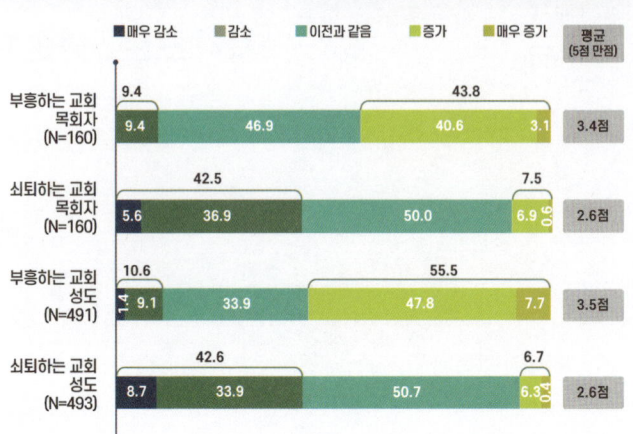

*출처 : 목회데이터연구소, '교회 성장과 쇠퇴 관련 조사'(과거 5년간 교인 정체/증가 & 향후 5년간 교인 증가 예상하는 담임목사 160명, 성도 500명, 과거 5년간 교인 정체/감소 & 향후 5년간 교인 감소 예상하는 담임목사 160명, 성도 500명 총 1,320명, 온라인조사, 지앤컴리서치, 2025.03.26.~04.09.)

위해서는 봉사자가 필요하다. 따라서 사역 프로그램의 수가 증가하는 것과 봉사자를 세우는 것은 서로 맞물린 관계라 할 수 있다.

핵심 인사이트

사역 프로그램 수의 증가가 교회의 다른 영역들과 어떤 유기적 관계를 지니는지 그 수치와 의미를 살펴보자.

1. 사역 프로그램의 증가는 교회 규모와 무관하다

혹시 사역 프로그램 수의 증가가 교회의 규모와 관련된 것은 아닌

코로나 이전 대비 사역 프로그램 수 증감 (%)

부흥하는 교회 목회자 160명			쇠퇴하는 교회 목회자 160명		
교회 규모	감소	증가	교회 규모	감소	증가
30명 미만	20.0	44.0	30명 미만	56.1	5.3
30-50명 미만	9.1	24.2	30-50명 미만	45.5	9.1
50-100명 미만	3.8	38.5	50-100명 미만	34.4	6.3
100명-500명 미만	8.2	45.9	100명-500명 미만	32.5	10.0
500명 이상	6.7	86.7	500명 이상	22.2	11.1

*출처 : 목회데이터연구소, '교회 성장과 쇠퇴 관련 조사'(과거 5년간 교인 정체/증가 & 향후 5년간 교인 증가 예상하는 담임목사 160명, 과거 5년간 교인 정체/감소 & 향후 5년간 교인 감소 예상하는 담임목사 160명 총 320명, 온라인조사, 지앤컴리서치, 2025.03.26.~04.09.)

가? 교회가 크니까 사역이 다채로워지는 것이 아닐까? 물론 교회 규모가 클수록 사역 프로그램의 수가 증가했다는 응답이 높아지는 것은 사실이다. 출석교인 500명 이상의 중대형 교회는 86.7%가 증가했다고 답해서 소형 교회의 증가 비율과 비교하면 격차가 크게 났다. 하지만 그보다 작은 규모의 교회들에서는 사역 프로그램 수의 증가가 교회 규모에 반드시 비례한 것은 아니다. 30명 미만의 교회는 44.0%, 30~50명 미만 교회는 24.2%, 50~100명 미만의 교회는 38.5%, 100~500명 미만의 교회는 45.9%로 나타났다. 즉 500명 이상의 교회를 제외하고, 나머지 부흥하는 교회에서 사역 프로그램 수의 증가는 교회 규모와 무관했다. 오히려 30명 미만의 초소형 교회에서 사역 프로그램 수 증가 비율(44.0%)이 부흥하는 교회들의 평균(43.8%)과 비슷했다.

이는 목회자들의 응답 결과이지만, 부흥하는 교회 성도들의 응답

양상도 크게 다르지 않다. 50명 미만 규모의 교회 성도들은 42.3%가 교회 사역 프로그램이 코로나 이전 대비 증가했다고 답했는데, 이는 50~100명 미만 교회의 31.6%보다 높다. 사역 프로그램이 감소했다는 응답 비율도 50명 미만의 교회가 7.7%로서 1,000명 이상 규모의 교회(5.6%)와 비슷할 뿐, 다른 규모의 교회들보다 낮다(50~100명 미만은 15.8%, 100~500명 미만은 16.6%, 500~1,000명 미만은 11.5%).

2. 사역 프로그램의 증가는 영적 필요에 대한 응답이다

사역 프로그램의 수가 증가한다는 것은 교회가 변화하는 시대에서 성도의 다양한 필요와 상황에 민감하게 반응하며, 영적 생활에 활기를 가질 수 있도록 지원한다는 것이다. 부흥하는 교회에서 3040세대와 다음세대가 증가한다는 것은 그들을 위해 맞춤화된 사역 프로그램이 제공되기 때문이다. 디지털 환경이 급속하게 확장되는 시대에 온라인 사역을 시행하게 되면 새로운 사역 프로그램이 늘어나는 것이며, 이는 전에 오프라인으로는 다가가지 못한 이들을 위한 사역이 제공되는 효과를 가져온다.

부흥하는 교회는 교인들로 하여금 사역에 참여할 수 있는 장을 열어주고 교인들은 이에 적극적으로 반응한다. 코로나로 인해서 현실적으로 교회들의 사역이 축소된 와중에도 부흥하는 교회는 교인들로 하여금 다시 사역에 참여할 수 있도록 기회를 열어준다. 반면에 쇠퇴하는 교회에서는 사역 프로그램의 수도 줄고, 사역 참여도와 활성도가 부흥하는 교회에 비해 현저히 떨어진다. 예배, 기도, 교육, 친교, 봉사와 같은 사역이 부흥하는 교회에만 존재하는 것은 아니다. 그러나 쇠퇴하는 교회에서는 성도들의 적극적인 참여가 수반되지 않는다.

3. 사역 프로그램의 증가는 교회의 미래를 밝게 한다

코로나 이전 대비 사역 프로그램의 증가는 미래의 전망을 더 밝게 한다. 사역 프로그램이 다양하고 풍성해지는 것은 교회 내 다음세대 증가 및 3040교인 수 증가와 밀접한 관련성을 지니기 때문이다. 부흥하는 교회 목회자들의 경우 사역 프로그램이 증가했다는 응답은 43.8%였지만, 다음세대 수가 증가한 교회에서는 사역 프로그램의 수가 증가했다는 응답이 58.6%였고, 3040교인 수가 증가한 교회에서도 53.3%가 증가했다고 응답했다.

부흥하는 교회의 성도들에 대한 조사에서 사역 프로그램이 가장 크게 늘어난 곳은 다음세대 수가 증가한 교회들이었다. 이 교회들의 무려 80.5%가 사역 프로그램이 증가했다고 응답했다. 사역 프로그램의 증가가 교회의 젊은 세대의 사역 활성화와 연동됨을 의미한다. 또한 고령자 비율이 15% 미만인 교회에서는 증가했다는 응답이 53.1%였다. 다음세대, 3040교인 수의 증가, 고령자 비율 15% 미만이라는 이 세 영역은 사역 프로그램의 증가가 가장 눈에 띄는 지점이다.

사역 프로그램 수의 증가는 교회의 변화 수용 태도와 관련이 있다. 교회가 변화를 중시하는지 전통을 중시하는지에 대한 질문에서도 부흥하는 교회의 평균 긍정 응답률이 82.5%인데 반해, 3040교인 수가 많은 교회들은 92.0%가 긍정 응답하여 가장 높았고, 사역 프로그램 수가 증가한 교회들과 다음세대가 증가한 교회들도 둘 다 85.7%의 긍정 응답률을 보여 변화와 개혁에 대한 의지가 평균 이상이었다.

교회의 시대 변화에 대한 수용 태도 (부흥하는 교회 목회자 160명)	변화 중시	전통 중시
전체 평균	82.5	17.5
다음세대 수 증가한 교회	85.7	14.3
3040 교인 수 증가한 교회	92.0	8.0
사역 프로그램 수 증가한 교회	85.7	14.3

*출처 : 목회데이터연구소, '교회 성장과 쇠퇴 관련 조사'(과거 5년간 교인 정체/증가 & 향후 5년간 교인 증가 예상하는 담임목사 160명, 과거 5년간 교인 정체/감소 & 향후 5년간 교인 감소 예상하는 담임목사 160명 총 320명, 온라인조사, 지앤컴리서치, 2025.03.26.~04.09.)

4. 예배 교육은 모두에게 필요하다

한 가지 추가로 고려할 점이 있다. '예배 및 예배의 요소들에 대한 교육'은 목회자들보다 성도들이 그 필요성을 좀 더 느낀다. 이것은 성찰이 필요한 부분이다. 이는 부흥하는 교회나 쇠퇴하는 교회 모두 비슷한 양상이다. 부흥하는 교회의 목회자들 16.9%가 예배 교육이 필요하다고 응답한 반면, 부흥하는 교회의 성도들은 그보다 더 많은 23.8%가 필요하다고 응답했다. 쇠퇴하는 교회의 목회자들도 18.1%가 예배 교육이 필요하다고 했지만, 쇠퇴하는 교회의 성도들은 24.1%가 필요성을 주장했다. 이러한 수치들이 비교적 높은 수치는 아니지만, 현장 목회 차원에서는 반드시 염두에 두어야 하는 요인들이다. 목회자들은 전문적인 신학교육을 통해 예배의 역사와 정신에 대해서 학습이 되어 있다. 그러나 성도들은 매주 예배자로 나오면서도, 예배의 순서와 각 순서가 갖는 의미를 제대로 알고 싶어 한다는

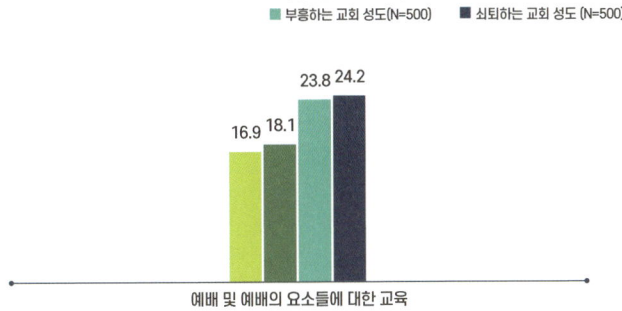

*출처 : 목회데이터연구소, '교회 성장과 쇠퇴 관련 조사'(과거 5년간 교인 정체/증가 & 향후 5년간 교인 증가 예상하는 담임목사 160명, 성도 500명, 과거 5년간 교인 정체/감소 & 향후 5년간 교인 감소 예상하는 담임목사 160명, 성도 500명 총 1,320명, 온라인조사, 지앤컴리서치, 2025.03.26.~04.09.)

점에 목회적인 관심을 가져야 한다.

핵심 과제

"저희는 건물이 없는 교회다보니 주중에 성경공부를 하기 어렵잖아요. 그래서 주중에 서울 전역에서 성경공부를 한 번 열어보자 했어요. 화수목금 새벽이고 저녁이고 반을 개설해서 50개의 성경공부반이 매 학기마다 주중에 열리고, 출석교인의 60~70%가 참여합니다."

이 말은 교회의 본질이 물리적인 장소에 얽매이지 않고 성도들의 삶 속으로 들어가 말씀과 공동체를 세우는 데 있음을 잘 보여준다. 이 교회는 문제 앞에서 좌절하지 않고, 성도들의 영적 갈급함에 맞춰 유연하고 창의적인 방식으로 접근했을 때, 오히려 뜨거운 사역 참여와 공동체 활성화를 이끌어낼 수 있다는 중요한 교훈을 준다. 물리적 제약을 뛰어넘어 높은 참여율을 달성한 것은 성도들의 말씀에 대한 뜨거운 열정과 헌신, 그리고 평신도 사역의 성공적인 정착이 어우러진 결과이기도 하다.

부흥하는 교회들은 코로나 기간을 거치며 사역이 줄어드는 압박에서도 창의적이고 다양한 사역 프로그램들을 전개해 성도들을 그리스도의 제자로 세우는 일에 주력했다. 다양한 사역 프로그램은 교인들이 신앙의 여러 측면(예배, 교제, 학습, 봉사, 전도)에서 균형 잡힌 성장을 할 수 있도록 돕는다. 이는 교회가 단순히 주일예배만 드리는 곳이 아니라, 교인들의 삶 전반에 걸쳐 그리스도를 닮아가도록 훈련하는 공동체여야 함을 시사한다. 목회자는 단순히 메시지를 전달하는 것을 넘어, 교인들이 각자의 은사에 따라 다양한 사역에 참여하고 성장할 수 있는 기회를 적극적으로 제공해야 한다. 따라서 사역 프로그램의 증가는 교회의 활력과 역동성을 나타낸다. 교회가 정체되지 않고 끊임없이 새로운 시도를 하며 영적, 양적 성장을 추구한다는 의미이다.

자칫 교회는 사람들에게 부담을 주지 않기 위해서 자유롭고 편안한 교회생활을 배려(?)하려고 할 때가 있다. 교회성장학자 톰 레이너는 《우리 교인 다 어디로?》(두란노)에서 이유를 모른 채 비어가는 한 가상의 교회 이야기를 전개한다. 그 교회의 리더들은 원인을 추적하다가 한 가지 특이한 사실을 발견한다. 그것은 그 교회의 가장 성숙하고 헌신적인 일부 교인들은 예배, 선교, 소그룹, 교회학교, 봉사 사역에 적극적으로 참여하면서 교회와 진정한 연결감을 느끼고 있다는 것이다. 그래서 리더들은 교회가 그동안 교인들에 대한 기대 수준이 낮았고, 이는 그들을 그리스도의 온전한 제자로 세우는 일에 소홀했던 것임을 깨닫게 된다.

사역 프로그램의 수가 증가하는 것은 교회생활을 각종 이벤트로 바쁘게 하자는 것이 아니다. 이는 교회가 성도들에게 그리스도의 제자가 되어 봉사의 삶에 헌신하도록 하는 높은 기대 수준을 갖고 있기 때문이다. 여러 가지 교회 활동으로 분주한 교회가 부흥한다는 의미가 아니다. 성도의 영적 성장을 위한 양육과 사역 훈련을 제공하는 것은 그들이 그리스도의 장성한 분량이 충만한 데까지 이르도록(엡 4:13) 교회가 함께 책임을 감당하려는 사명감에서 비롯된다.

03
높은 사역 참여도

　단순히 사역 프로그램의 수가 늘어난다고 해서 사역이 활성화되는 것은 아니다. 더 중요한 지표는 교인들의 사역 참여도다. 교회의 사역 참여 문화는 교인들의 실제 사역 참여도를 통해 입증된다. 부흥하는 교회의 경우 코로나 이전 대비 교인들의 사역 참여가 증가했다는 목회자의 응답 비율은 51.3%이며, 성도들의 응답 비율도 52.6%로 비슷하게 나왔다. 반면에 쇠퇴하는 교회의 목회자들은 교인들의 사역 참여가 코로나 이전 대비 증가했다는 응답이 6.9%, 감소했다는 응답이 56.9%로 정반대의 양상을 보였다. 쇠퇴하는 교회의 성도들도 사역 참여가 증가했다는 응답 비율은 4.5%에 불과하고, 감소했다는 응답 비율은 57.1%나 되었다. 교인 참여가 많은 교회일수록 다음세대 및 3040세대가 증가하고, 교회에 대한 소속감과 만족도, 헌신도가 높아지는 경향이 있다. 이 수치는 단순히 활동량이 많은 교회가 아니라, 교회 구성원 전체가 공동체의 일원으로서 사역에 자발적으로 참여할 수 있는 구조와 문화가 부흥의 촉진제가 된다는 점을 보여준다.

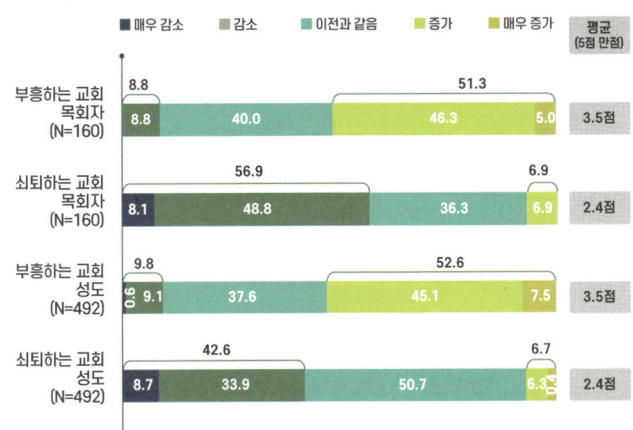

핵심 인사이트

성도들의 사역 참여는 교회가 유기적 공동체를 이루며 성장하는 데 있어서 핵심 축의 역할을 한다. 사역 참여도는 성도의 정체성과 교회 소속감을 보여주는 바로미터다.

1. 사역 참여도는 신앙 수준의 문제인가?

통념상, 교회 사역에 참여하는 이들은 신앙의 단계가 높거나 교회에서 직분을 맡은 자들이 많을 것으로 생각할 수 있다. 또한 부흥하는 교회 교인들과 쇠퇴하는 교회 교인들의 각 신앙 단계 평균값을 보

부흥하는 교회 성도 vs 쇠퇴하는 교회 성도의 신앙 단계별 분포[4] (%)

신앙 단계	부흥하는 교회	쇠퇴하는 교회
1단계	10.8	18.0
2단계	24.2	25.0
3단계	40.0	39.0
4단계	25.0	18.0
계	100.0	100.0

*출처 : 목회데이터연구소, '교회 성장과 쇠퇴 관련 조사'(과거 5년간 교인 정체/증가 & 향후 5년간 교인 증가 예상하는 교회 성도 500명, 과거 5년간 교인 정체/감소 & 향후 5년간 교인 감소 예상하는 교회 성도 500명 총 1,000명, 온라인조사, 지앤컴리서치, 2025.03.26.~04.09.)

면 부흥하는 교회가 더 높다. 신앙 단계별 분포 표를 보면 쇠퇴하는 교회 성도들은 1단계에 좀 더 많이 분포해 있고, 부흥하는 교회 성도들은 4단계에 더 많이 분포되어 있다. 2단계와 3단계의 비율은 비슷하다. 성도들의 신앙 수준도 부흥하는 교회와 쇠퇴하는 교회 간에 차이가 나는 것을 확인할 수 있다.

그러면 부흥하는 교회 1단계 성도들의 사역 참여도를 먼저 보자. 코로나 이전 대비 사역 참여가 증가했다는 이들은 37.0%이고, 감소했다는 이들은 14.8%이다. 반면에 쇠퇴하는 교회 1단계 성도들의 사역 참여 증가는 2.3%, 감소했다는 응답은 63.6%로 나온다. 엄청난 격차가 아닌가! 신앙이 가장 성숙한 4단계 성도들을 비교해보자. 부흥하는 교회 4단계 성도들이 코로나 이전보다 사역 참여가 증가했다는 응답은 55.6%이고, 감소했다는 응답은 10.5%이다. 쇠퇴하는 교회 4단계 성도들의 경우 사역 참여가 증가했다는 응답은 4.5%, 감소

부흥하는 교회 vs 쇠퇴하는 교회 성도의 신앙 단계별 사역 참여도 변화 (%)

신앙 단계	부흥하는 교회		쇠퇴하는 교회	
구분	증가	감소	증가	감소
1단계	37.0	14.8	2.3	63.6
2단계	53.3	8.3	4.1	66.7
3단계	54.6	8.8	5.7	49.7
4단계	55.6	10.5	4.5	53.4

*출처 : 목회데이터연구소, '교회 성장과 쇠퇴 관련 조사'(과거 5년간 교인 정체/증가 & 향후 5년간 교인 증가 예상하는 교회 성도 500명, 과거 5년간 교인 정체/감소 & 향후 5년간 교인 감소 예상하는 교회 성도 500명 총 1,000명, 온라인조사, 지앤컴리서치, 2025.03.26.~04.09.)

했다는 응답은 53.4%이다. 이 역시 큰 격차를 보이고 있다.

2. 사역 참여는 직분 때문인가?

다음은 교회 직분에 따른 사역 참여도 증감의 차이이다. 중직자, 서리집사, 그리고 성도(일반 교인)로 나누었는데, 사실상 직분 간 참여도 차이는 크지 않다. 직분 유형에 관계없이 부흥하는 교회 성도의 사역 참여도가 훨씬 높게 나온다. 심지어 쇠퇴하는 교회에 중직자와 서리집사가 더 많은데도 불구하고 말이다. 이러한 결과가 보여주는 중요한 교훈은 사역 참여도는 성도 개인의 신앙 수준, 직분과 무관하게 교회 자체가 얼마나 교인들에게 의미 있고 만족할 만한 신앙생활의 장을 마련하느냐에 달려 있다는 것이다. 개인적으로 신앙생활을 오래하고 교회에서 책임 있는 위치에 있는 성도라 할지라도 그가 출석하는 교회에서 영적 성장을 경험하지 못하는 한 사역에 참여할 동기

부흥하는 교회 vs 쇠퇴하는 교회 성도의 직분별 사역 참여도 변화 (%)

직분	부흥하는 교회		쇠퇴하는 교회	
구분	증가	감소	증가	감소
중직자	51.3	8.5	3.9	56.8
서리집사	58.6	11.8	5.3	54.1
일반성도	48.5	8.7	4.2	60.5

*출처 : 목회데이터연구소, '교회 성장과 쇠퇴 관련 조사'(과거 5년간 교인 정체/증가 & 향후 5년간 교인 증가 예상하는 교회 성도 500명, 과거 5년간 교인 정체/감소 & 향후 5년간 교인 감소 예상하는 교회 성도 500명 총 1,000명, 온라인조사, 지앤컴리서치, 2025.03.26.~04.09.)

부여를 얻지 못한다.

이와 같은 사역 참여도는 단순히 교회에서 많은 프로그램을 열어서 교인들에게 참여를 독려하는 방식으로는 높아지지 않는다. 교회 생활이 만족스러워야 자발적으로 참여할 것이다. 교회에서 영적인 갈급함이 채워지고 다른 교인들과의 교제가 즐거워야 한다. 무엇보다도 매주 참석하는 예배와 설교에서 은혜를 경험해야 한다. 예배와 설교는 성도의 정기적인 교회생활의 중심에 있기 때문이다.

3. 사역 참여와 교회생활 만족도

부흥하는 교회의 성도들은 다음과 같은 순으로 만족도를 보인다. 예배(86.2%), 담임목사 설교(84.6%), 친교/교제/소그룹(72.4%), 사회봉사(71.2%)로 예배와 설교에 대한 만족도가 가장 높다. 이는 부흥하는 교회의 목회자의 예배(74.4%)와 설교(58.8%) 만족도보다 더 높다. 목회자 자신이 사역에 대해서 만족하는 것보다 성도의 만족도가

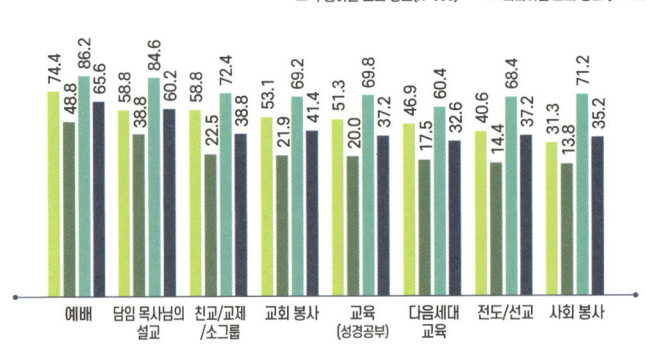

*출처: 목회데이터연구소, '교회 성장과 쇠퇴 관련 조사'(과거 5년간 교인 정체/증가 & 향후 5년간 교인 증가 예상하는 담임목사 160명, 성도 500명, 과거 5년간 교인 정체/감소 & 향후 5년간 교인 감소 예상하는 담임목사 160명, 성도 500명 총 1,320명, 온라인조사, 지앤컴리서치, 2025.03.26.~04.09.)

더 높다는 것은 부흥하는 교회의 사역 참여도를 이해하는 데 도움이 된다. 또한 교회 규모가 클수록 예배와 설교에 대한 만족도가 비례해서 높아지긴 하지만, 부흥하는 교회 성도들의 경우 교회 규모별로는 두드러진 차이를 보이지 않는다. 예를 들어, 50명 미만의 부흥하는 교회 성도들의 경우 83.0%가 담임목사님의 설교에 만족한다고 응답했다. 이는 1,000명 이상의 부흥하는 교회 성도들의 89.6%보다 낮긴 하지만 그 차이는 6.6%에 불과하다. 다른 규모의 교회들과도 비슷한 수치이다.

반면에 50명 미만의 쇠퇴하는 교회 성도들은 48.4%만이 설교에 만족한다고 응답해 같은 규모의 부흥하는 교회와 큰 격차를 보인다. 이처럼 교회생활 전반에 대한 만족도에 있어서 부흥하는 교회와 쇠퇴하는 교회는 목회자와 성도 모두에서 현격한 차이를 보이고 있다.

따라서 부흥하는 교회 성도들은 교회생활에 만족하기 때문에 사역에 더욱 참여하는 것이라고 자연스럽게 추론할 수 있다. 그 가운데서 성도들이 가장 많이 지목한 요인이 '예배'와 '설교'라는 점은 하나님을 예배하고 그의 말씀을 듣는 것이 신앙생활의 본질적 기초임을 다시 상기시켜준다. 사역 참여도는 만족스러운 교회생활로부터 이어지며, 만족스러운 교회생활은 예배와 설교를 통해서 받은 은혜와 긴밀한 관계라는 점을 유념해야 한다. 사역 참여도가 높고 공동체 연대가 강한 교회일수록, 설교를 수동적으로 듣기보다 적극적으로 참여하고 적용하는 태도가 회중 가운데 배어 있다고 볼 수 있다.

사역 참여는 단지 '일손 공급'의 문제가 아니라, 성도의 영적 성장에 헌신하는 목회적 접근의 열매로 볼 수 있다. 성도가 영적 필요를 채우고, 영적으로 성장할 때 이는 공동체성 회복, 소속감, 정체성 강화로 이어지며 결국 예배, 헌금, 봉사, 전도 등 교회의 모든 기능에 파급효과를 일으킨다. 이로 인해 사역 참여는 단순한 실행력을 넘어서, 교회 전체에 영적 생동감과 적극적인 신앙생활의 분위기를 높이는 요인이 될 것이다.

핵심 과제

사역 참여도는 부흥하는 교회와 쇠퇴하는 교회를 가르는 핵심적 차이 중 하나다. 이는 교회의 활력과 교인들의 신앙생활 만족도에 깊이 연결되어 있다. 교인들의 자발적인 참여는 교회의 지속적인 성장과 확장에 필수적인 동력이 된다. 목회자는 변화하는 시대와 사회의 요구에 민감하게 반응하여 새로운 사역의 기회를 모색하고, 교인들과 함께 비전을 공유하며 교회를 더욱 역동적으로 이끌어 나가야 한다. 교인들로 하여금 그들의 영적 성장을 위한 교육 및 친교 사역에 참여하게 하는 것은 성도를 봉사자로 세우기 위해서 반드시 필요한 선행 과제다.

그러나 쇠퇴하는 교회는 교회가 내부적으로 활력을 잃고, 목회자와 성도 모두 신앙적으로 쇠퇴하며, 설교나 사역 자체에 대한 만족도가 낮다. 교인 수가 줄고 사역 프로그램이 활성화되지 못하는 것을 단지 현상적으로만 접근해서는 안 된다. 교회가 침체하는 데는 여러 가지 원인이 있을 수 있기 때문이다. 그러나 부흥하는 교회에서 나타난 사역 프로그램 수의 증가와 높은 참여도는 그 교회가 교인들에게 높은 수준의 신앙생활을 기대하고, 그들의 영적 성장에 전적으로 헌신하고 있다는 것을 뒷받침한다.

하나님은 각 성도에게 다양한 은사를 주셨다. 은사의 목적에 대해서 성경은 "각 사람에게 성령을 나타내심은 유익하게 하려 하심이라"(고전 12:7)라고 말한다. 교인들이 자신의 은사를 발견하고 봉사의 자리에서 기꺼이 그 은사를 사용할 때, 교회의 사역은 훨씬 더 풍성해지고 다채로워진다. 봉사자 수가 많다는 것은 그만큼 많은 교인이 자신의 은사를 활용하여 교회를 세우고 있다는 의미다. 다양한 은사가 조화롭게 활용될 때 교회는 더욱 역동적으로 성장하며, 이는 곧 새로운 교인들을 품고 양육할 수 있는 더 넓고 견고한 울타리를 형성한다.

결론적으로, 평신도의 높은 사역 참여를 추구하는 것은 모든 교회에 주어진 전략적 과제다. 단순히 교회의 사역에 참여하고 봉사하라고 독려하는 것을 넘어서, 성도가 자발적으로 사역에 참여하고 싶게 만드는 환경을 조성해야 한다. 이러한 환경은 교회가 성도 한 사람 한 사람을 그리스도의 몸을 세우는 귀한 지체로 인정하고, 은사를 발휘할 기회를 제공하며, 함께 동역하는 공동체를 만들어갈 때 더욱 공고해질 것이다.

04
평신도 사역의 활성화

부흥하는 교회에는 사역 참여 문화가 형성되어 있고, 성도의 영적 필요를 채우며, 그들을 봉사자로 세우는 데 헌신한다. 이러한 특징은 자연스럽게 부흥하는 교회의 평신도 사역을 활성화시킨다.

부흥하는 교회의 평신도 사역 활성화 비율은 '매우 활발하다+활발한 편이다' 응답 기준으로 목회자 71.9%, 성도 72.8%가 활성화되었다고 응답해 두 그룹 간 유사한 결과를 보였다. 목회자의 연령이 높고, 교회 내 고령자 비율이 낮은 경우 평신도 사역이 더 활발했으며 (목회자 기준), 목회자와 성도 모두 교회 규모가 클수록, 소그룹 활동이 활발할수록, 3040교인, 다음세대, 프로그램 수가 증가한 교회일수록 평신도 사역이 더욱 활성화되었다고 응답했다.

쇠퇴하는 교회 목회자는 16.9%만이 평신도 사역이 활발하다고 응답했으며, 성도는 29.4%로 응답해 두 그룹 모두 낮은 수준을 보였다. 특히 평신도 사역이 더욱 필요한 중소형 교회일수록 활성화 수준이 낮았다. 그렇지만 쇠퇴하는 교회 중에서도 소그룹, 3040세대, 다

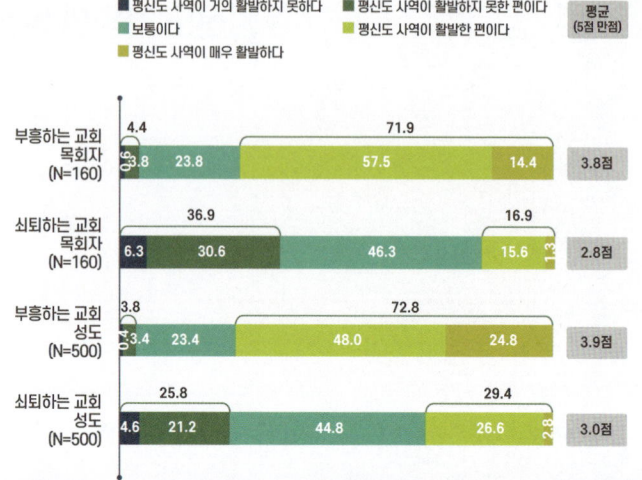

음세대, 프로그램 수가 증가한 교회에서는 상대적으로 평신도 사역이 더 활성화되어 있었다.

핵심 인사이트

1. 평신도 사역의 활성화는 교회 부흥으로 스며든다

앞서 살펴본 부흥하는 교회의 사역 프로그램 증가 및 사역 참여도는 평신도 사역의 활성화와 선순환 구조를 이룬다. 교회는 교인들에게 사역에 참여해서 양육받고 봉사하고 전도하도록 기회를 주고 독려한다. 교인들은 수동적인 종교 소비자로 머물지 않고 자신의 영적 성장을 위해 도움이 되는 사역에 참여한다. 사역 프로그램 수가 증가하고 거기에 참여하는 교인이 늘면 봉사자 수가 늘고 이는 평신도 사역을 활성화시킨다. 헌신적인 평신도 리더가 세워지면 3040 사역, 소그룹, 다음세대 사역 활성화에 연쇄적인 영향을 주는 것이다. 어느 사역이 가장 근원적인 동력이었는지를 정확히 파악하기는 어렵지만 평신도 사역의 활성화와 사역 프로그램의 활성화는 긴밀하게 상호 보완을 이루는 것이 분명하다.

2. 평신도 사역의 활성화는 교회 규모의 문제가 아니다

평신도 사역의 활성화는 지역에 따른 차이는 크지 않다. 하지만 교회 규모와 연동되는 현상을 보인다. 즉 교회가 클수록 평신도 사역의 활성화가 비례하는 것이다. 그러나 이 역시 교회 자체가 부흥하고 있느냐가 더욱 중요한 요인이다. 교회가 부흥한다면 규모의 문제를 극복하면서 평신도 사역이 활성화된다는 의미이다. 목회자 응답을 기준으로 했을 때, 30명 미만의 부흥하는 교회에서 평신도 사역의 활성화는 56.0%인데 반해, 500명 이상의 쇠퇴하는 교회에서 평신도 사역의 활성화는 33.3%에 그친다. 교회 규모가 훨씬 작아도 교회 자체가 부흥하고 있으면 훨씬 더 큰 규모의 쇠퇴하는 교회보다 평신도 사역이 더욱 활발하다는 것이다.

이는 성도 응답에서도 거의 비슷한 양상을 보인다. 교회가 작더라도 부흥하는 교회에서는 대형 교회보다 더욱 평신도 사역이 활성화된다. 교회의 규모뿐 아니라 교회 내 고령화 비율이 어느 정도 영향을

교회 규모별 평신도 사역 활발성 평가(목회자 160명) (%)

교회 규모	평신도 사역이 활발하다	
	부흥하는 교회	쇠퇴하는 교회
30명 미만	56.0	7.0
500명 이상	100.0	33.3

*출처 : 목회데이터연구소, '교회 성장과 쇠퇴 관련 조사'(과거 5년간 교인 정체/증가 & 향후 5년간 교인 증가 예상하는 담임목사 160명, 과거 5년간 교인 정체/감소 & 향후 5년간 교인 감소 예상하는 담임목사 160명 총 320명, 온라인조사, 지앤컴리서치, 2025.03.26.~04.09.)

줄 수는 있다. 그러나 평신도 사역 활성화의 가장 결정적인 변수는 교회 자체가 얼마나 영적 생동감을 견지하며 부흥하고 있느냐 하는 것이다.

3. 교회의 수평적 거버넌스는 평신도 사역을 더욱 활성화시킨다

평신도 사역의 활성화는 교회 거버넌스의 문제와도 자연스럽게 연결된다. '우리 교회는 교인들이 교회의 주요 의사결정 과정에 참여할 기회가 충분히 주어진다'에 대해 부흥하는 교회 목회자의 71.9%가 '그렇다'고 답했다. 부흥하는 교회 성도 역시 63.6%가 참여 기회가 있다고 응답해 전반적으로 긍정적인 인식을 공유하고 있었다. 쇠퇴하는 교회의 경우에는 목회자의 53.1%는 참여 기회가 충분하다고 응답했으나, 성도는 40.0%만이 그렇게 인식하고 있었으며, 특히 '매우 그렇다'는 응답은 5.4%에 불과했다. 쇠퇴하는 교회에서도 절반 정도의 목회자만 참여 기회를 충분히 준다고 했고, 절반에 못 미치는

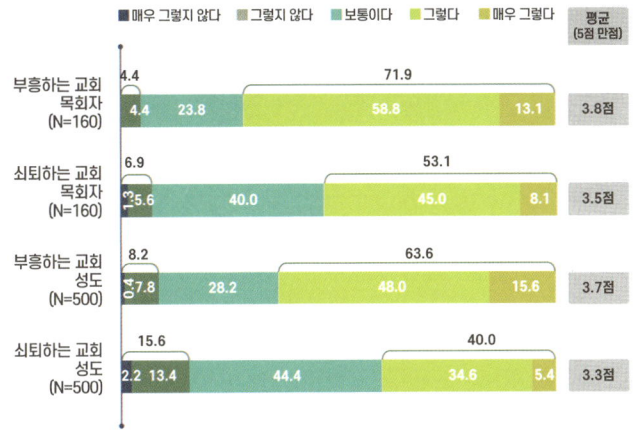

성도만이 참여 기회가 충분하다고 답한 것이다. 성도들의 교회 의사 결정 참여, 즉 수평적 거버넌스에서도 부흥하는 교회와 쇠퇴하는 교회 간에 확연한 차이를 보여주고 있다.

교회 규모에 따른 차이를 보면, 목회자 응답의 경우 30명 미만의 부흥하는 교회에서 거버넌스 참여 기회에 대한 긍정률(84.0%)이 가장 높았다. 작은 교회일수록 교회의 현황을 잘 알기 때문에, 결정 과정에 참여하는 교인의 비율이 높을 것이다. 그러나 500명 이상의 쇠퇴하는 교회에서는 거버넌스 참여 긍정률이 33.3%(목회자 대상 조사 기준)로 가장 낮았다. 목회자 기준에서 볼 때 부흥하는 교회는 교회 규모가 크든 작든 교인들의 의사결정 참여율이 높은 특징을 보이고, 쇠퇴하는 교회 역시 교회 규모와 상관없이 거버넌스 참여율이 낮은 특징을

교회 규모별 교회 거버넌스 참여 기회 (목회자 160명) (%)

교회 규모	'교회 거버넌스에 참여할 기회를 준다'에 대한 긍정 응답	
	부흥하는 교회	쇠퇴하는 교회
30명 미만	84.0	54.4
500명 이상	73.3	33.3

*출처 : 목회데이터연구소, '교회 성장과 쇠퇴 관련 조사'(과거 5년간 교인 정체/증가 & 향후 5년간 교인 증가 예상하는 담임목사 160명, 과거 5년간 교인 정체/감소 & 향후 5년간 교인 감소 예상하는 담임목사 160명 총 320명, 온라인조사, 지앤컴리서치, 2025.03.26,~04.09.)

보인다. 특히 500명 이상 중대형 교회의 경우 성도들의 거버넌스 참여율이 33.3%에 지나지 않아 부흥하는 교회(84.0%)와 큰 격차를 보이고 있다.

거버넌스 참여율은 교회의 부흥 및 평신도 사역의 활성화와 상호 연관된 관계를 지닌다고 볼 수 있다. 왜냐하면 사역 프로그램의 증가와 참여도, 봉사자 수의 증가라는 교회 부흥과 상관성이 가장 높은 요인들이 평신도 사역의 활성화로 이어지기 때문이다. 그리고 교회 거버넌스 참여는 평신도 사역의 활성화를 보여주는 한 지표가 될 것이다. 성도들의 응답률에서 부흥하는 교회의 긍정 응답 비율은 규모와 관계없이 60% 전후로 나왔고, 쇠퇴하는 교회에서는 40% 전후로 나왔다.

지금까지의 논의에서 부흥하는 교회에서 가장 강력하게 나타난 요인은 사역 참여의 문화라고 하였다. 이는 교회의 성도들이 종교 소비자나 예배 관람자와 같은 수동적 위치에서 벗어나 교회 사역의 주체가 되고, 함께 그리스도의 몸을 이루며 영적 성장과 하나님나라에 헌신하는 모습으로 나타난다. 교회가 사역 참여의 기회를 제공하고, 성도들을 책임 있는 동역자로 대할 때 부흥의 궤도에 올라서게 될 것이다.

핵심 과제

"순장(리더) 매뉴얼이 필요해 보였어요. 평신도 리더를 세우면 평신도 리더 사역 학교가 있어서 재교육을 시킵니다."

평신도 사역의 활성화는 단순히 목회자 몇 명이 교회를 이끌어가는 것을 넘어, 모든 교인이 각자의 자리에서 하나님나라의 사역에 능동적으로 참여하는 것을 의미한다. 교회는 소수의 성직자 집단이 아니라, 예수 그리스도를 머리로 하는 모든 성도들의 공동체다(골 1:18). 평신도 사역의 활성화는 교회의 이러한 유기적이고 역동적인 본질을 회복하는 데 필수적이다. 목회자 혼자서는 교회의 모든 필요를 감당할 수도 없고, 모든 사역을 수행할 수도 없다. 평신도들이 각자의 은사와 재능을 활용하여 사역에 참여할 때, 교회는 질적, 양적으로 건강하게 성장하고 확장될 수 있다.

베드로전서에는 "그러나 너희는 택하신 족속이요 왕 같은 제사장들이요 거룩한 나라요 그의 소유가 된 백성이니 이는 너희를 어두운 데서 불러내어 그의 기이한 빛에 들어가게 하신 이의 아름다운 덕을 선포하게 하려 하심이라"(벧전 2:9)라고 말한다. 목회자만이 하나님의 일을 하는 것이 아니라, 모든 성도가 각자의 삶의 영역에서 하나님께

예배하며 봉사하는 제사장이라는 것이다. 평신도 사역의 활성화는 바로 이 '만인제사장'의 원리를 구체적으로 실현한다.

그런 의미에서 평신도 사역의 활성화는 교회 내 사역만을 의미하지 않는다. 교회는 세상 속에서 빛과 소금의 역할을 감당해야 한다. 평신도들은 각자의 삶의 터전(가정, 직장, 학교, 사회)에서 그리스도의 증인으로 살아가는 선교적 사명을 수행한다. 평신도 사역이 활성화될수록 교회의 선교적 역량은 더욱 강력해진다. 아울러 목회자가 행정적인 업무나 세부적인 사역에 얽매이지 않고, 말씀 선포, 기도, 영적 돌봄, 리더 양육 등 본질적인 사역에 더욱 집중할 수 있는 선순환이 이루어질 것이다.

PART 2

부흥하는 교회는 **미래지향적이다**

교회의 진정한 부흥은 단지 현재의 성장에 머무르지 않고, 미래를 준비하는 데서 비롯된다. 본 조사에 따르면, 교인 수 증가와 밀접한 연관을 보이는 항목 중 3040세대와 다음세대의 신자 수가 상위권에 있다. 이는 부흥하는 교회가 미래 세대를 중심에 두고 사역을 전개하고 있음을 보여준다. 최근 한국 교회는 3040세대의 감소와 신앙 약화를 위기로 인식해왔지만, 부흥하는 교회는 이 세대를 회복의 기회로 삼고 있다. 3040세대의 신앙 회복은 다음세대의 부흥으로 이어지고, 이는 현재 교회의 활력으로 연결된다. 특히 다음세대 신앙 형성에 가장 큰 영향력을 미치는 부모 세대의 역할이 중요하다. 부흥하는 교회는 부모교육을 강화함으로써 다음세대 사역의 지속성과 깊이를 더하고 있다. 부흥하는 교회는 다음세대를 품고, 미래를 준비하는 오늘의 교회다.

05
3040세대 수의 증가

　최근 한국 교회에서는 허리세대라 불리는 3040세대의 감소와 신앙 약화를 중대한 과제로 인식하고 있다. 역설적이게도 본 조사는 부흥하는 교회에서 3040신자 수의 증가가 성장의 주요 동력임을 보여준다. 3040의 부흥은 다음세대의 부흥을 견인하며 이는 교회의 미래를 밝게 한다.

　부흥하는 교회 목회자 중 46.9%는 코로나 이후 3040신자 수가 증가했다고 응답했으며, 쇠퇴하는 교회 목회자 중에서 3040세대 수가 증가했다는 응답은 2.5%에 불과했다. 다음세대 수가 증가한 교회에서 3040세대도 증가하는 경향이 뚜렷해, 두 세대 간의 높은 상관관계가 확인되었다. 반면에 부흥하는 교회에서 3040신자 수가 감소하는 곳은 8.8%였으나, 쇠퇴하는 교회에서는 무려 65.0%가 감소했다. 특히 500명 이상의 교회를 제외하면 대부분의 쇠퇴하는 교회에서 3040세대가 증가했다는 응답이 거의 없었고, 다음세대가 감소한 교회에서 3040세대도 함께 감소하는 경향이 두드러졌다. 따라서 3040

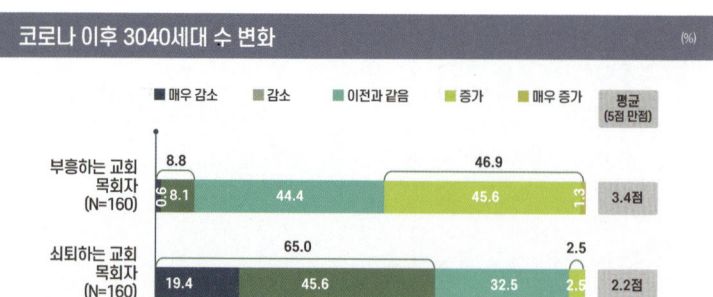

세대의 증감 여부는 부흥하는 교회와 쇠퇴하는 교회를 변별하는 중요한 지표 중 하나이다.

핵심 인사이트

3040세대 수의 증가가 교회 부흥에 미치는 측면들을 조명해보자.

1. 교회 규모에 따른 차이

3040세대 수 증가 여부는 교회 규모에 크게 연동되지 않는 것으로 나온다. 다음 표는 부흥하는 교회와 쇠퇴하는 교회에서 규모에 따른 3040세대 수의 증가와 감소 양상을 보여준다. 부흥하는 교회(목회자)에서는 3040세대 수가 증가한다는 응답이 30~50%대이고, 쇠퇴하는 교회(목회자)에서는 감소한다는 응답이 50~70%대로 나타났다. 그런데 자세히 보면 규모에 따른 차이가 존재하긴 하지만 그 차이가 규모

교회 규모별 코로나 이후 3040세대 수 증감 (%)

부흥하는 교회 목회자 160명		쇠퇴하는 교회 목회자 160명	
교회 규모	증가 비율	교회 규모	감소 비율
30명 미만	48.0	30명 미만	66.7
30-50명 미만	36.4	30-50명 미만	54.5
50-100명 미만	38.5	50-100명 미만	62.5
100명-500명 미만	54.1	100명-500명 미만	70.0
500명 이상	40.0	500명 이상	66.7

*출처 : 목회데이터연구소, '교회 성장과 쇠퇴 관련 조사'(과거 5년간 교인 정체/증가 & 향후 5년간 교인 증가 예상하는 담임목사 160명, 과거 5년간 교인 정체/감소 & 향후 5년간 교인 감소 예상하는 담임목사 160명 총 320명, 온라인조사, 지앤컴리서치, 2025.03.26.~04.09.)

에 따라 일정한 패턴으로 늘거나 줄지 않음을 알 수 있다. 즉 3040세대 수 증감 여부는 교회 규모에 의해서 크게 좌우되지 않는 것이다.

따라서 교회 규모 자체가 3040세대 증감의 직접적인 원인이라기보다는, 각 규모의 교회가 가진 특성과 역량, 그리고 그에 따른 사역 전략이 3040세대 유입에 더 큰 영향을 미친다고 보는 것이 타당할 것이다. 3040세대 수는 다음세대 수와도 긴밀하게 연결되고, 이는 교회가 얼마나 변화에 대한 수용성을 가지고 젊은 교인들을 전도하고, 또 그들의 영적 필요에 부응하는 사역 프로그램을 활성화시키느냐에 따라 다를 것이다.

2. 지역에 따른 차이

오히려 3040세대 교인 수의 증감은 지역과 연령이 더 중요한 변수

지역 크기별 코로나 이후 3040세대 증감 (%)

부흥하는 교회 목회자 160명		쇠퇴하는 교회 목회자 160명	
교회의 지역 크기	증가 비율	교회의 지역 크기	감소 비율
대도시	52.6	대도시	59.4
중소도시	51.4	중소도시	77.8
읍/면	28.6	읍/면	60.9

*출처 : 목회데이터연구소, '교회 성장과 쇠퇴 관련 조사'(과거 5년간 교인 정체/증가 & 향후 5년간 교인 증가 예상하는 담임목사 160명, 과거 5년간 교인 정체/감소 & 향후 5년간 교인 감소 예상하는 담임목사 160명 총 320명, 온라인조사, 지앤컴리서치, 2025.03.26.~04.09.)

이다. 서울 및 대도시 지역에서 3040신자 수 증가가 높았다. 이는 대도시가 3040세대의 인구 유입이 활발하고, 문화적, 경제적 활동의 중심지로서 이들의 필요를 충족시킬 수 있는 환경적 요인이 작용하는 것으로 해석된다.

부흥하는 교회에서도 읍면 지역으로 갈수록 3040세대의 증가율이 낮아지고 감소율이 높아지는 경향을 보였다. 특히 읍면 지역의 부흥하는 교회는 3040세대 증가 응답이 28.6%에 그쳐, 지역적 한계가 있음을 시사한다. 쇠퇴하는 교회에서는 3040세대 감소 응답이 중소도시 77.8%, 읍면 지역 60.9%나 돼 매우 심각한 상황임을 보여주고 있다. 이는 이들 지역이 대도시보다 인구 유입이 적고, 젊은 세대의 이탈이 가속화될 경우 교회 존립에 더 큰 위협이 될 수 있음을 보여준다. 죽어가는 읍면 단위의 교회는 3040세대 증가가 전혀 없는 것(0.0%)으로 나타나 어려움이 더욱 두드러진다. 이는 인구 고령화 및 젊은 세대

고령자 비율별 3040세대 증감 (%)

부흥하는 교회 목회자 160명		쇠퇴하는 교회 목회자 160명	
교회의 고령자 비율	증가 비율	교회의 고령자 비율	감소 비율
15% 미만	63.3	15% 미만	66.7
15-30% 미만	45.8	15-30% 미만	66.7
30-40% 미만	42.9	30-40% 미만	52.0
40-60% 미만	28.6	40-60% 미만	63.8
60% 이상	14.3	60% 이상	70.9

*출처 : 목회데이터연구소, '교회 성장과 쇠퇴 관련 조사'(과거 5년간 교인 정체/증가 & 향후 5년간 교인 증가 예상하는 담임목사 160명, 과거 5년간 교인 정체/감소 & 향후 5년간 교인 감소 예상하는 담임목사 160명 총 320명, 온라인조사, 지앤컴리서치, 2025.03.26.~04.09.)

유출이라는 구조적인 문제와 깊은 연관이 있는 것으로 판단된다.

3. 고령자 비율과 3040교인 수

부흥하는 교회에서는 고령자 비율이 낮을수록 3040세대 증가율이 더 높게 나타났다. 구체적인 수치를 보면, 고령자 비율 15% 미만인 교회에서는 3040세대 '증가' 응답이 61.2%로 가장 높다. 반면에 고령자 비율이 60% 이상인 교회에서는 3040세대 '증가' 응답이 14.3%에 불과했다. 쇠퇴하는 교회에서는 고령자 비율 60% 이상인 교회에서 3040세대 '감소' 응답이 70.9%로 가장 높다. 반대로 고령자 비율 15% 미만인 교회에서는 '감소' 응답이 66.7%로 나타나, 쇠퇴하는 교회는 고령자 비율과 관계없이 3040세대가 감소하는 것을 알 수 있다.

이러한 결과는 특히 부흥하는 교회 기준으로 교회 내 고령자 비율이 낮을수록 젊은 세대(3040세대)의 유입 및 성장에 더 유리한 환경이 조성될 수 있음을 시사한다. 젊은 세대가 주를 이루는 교회는 세대 간의 문화적 공감대가 형성되기 쉬우며, 3040세대가 느끼는 소속감과 만족도가 높아질 수 있다. 반대로 고령자 비율이 높은 교회에서는 젊은 세대가 소외감을 느끼거나, 자신들의 필요가 충분히 반영되지 않는다고 느낄 수 있다. 그러나 이는 단순히 고령 교인 비중이 높은 교회는 3040을 위한 사역이 어렵다는 판단보다, 세대 간 연대와 교류가 필요함을 시사한다.

4. 소그룹 활동과 3040 사역

소그룹 활동이 활발한 교회에서는 3040세대 교인 수가 증가했다는 응답 비율이 54.1%로 평균(46.9%)을 웃돌았다. 이는 소그룹 활동이 3040교인 수 증가와 긍정적 관계를 가질 수 있음을 보여준다. 부흥하는 교회 안에서도 소그룹이 침체된 경우에는 3040의 증가가 18.2%에 그친다는 점도 이를 반영한다. 덧붙여, 쇠퇴하는 교회에서는 소그룹 활동이 활발하든, 침체되었든 관계없이 3040교인 수가 모두 비슷한 비율로 감소했다는 점도 고려해야 한다. 소그룹 활동이 3040세대 증가의 유일한, 또는 절대적인 요인은 아닐 수 있다는 것이다. 예를 들어, 해당 교회들이 가지고 있는 다른 강력한 사역 프로그램, 독특한 교회 문화, 지역적 특성, 또는 젊은 세대에게 어필하는 목회자의 리더십과 같은 복합적인 요인들이 3040세대 증가에 기여했을 수 있다.

핵심 과제

"다음세대 사역도, 시니어 사역도 모두 3040 허리 라인이죠. 이 세대가 스태프로 도와줍니다."

"학부모 연령대가 많으니까 아무래도 미취학 아동과 초등학교 자녀 아이들이 굉장히 많아요."

부흥하는 교회는 교회 성장의 핵심 동력이자 중심축으로 3040 허리세대를 특별히 중요하게 여기며, 이들을 위한 맞춤형 지원과 배려를 아끼지 않는다. 3040세대는 신체적으로 가장 왕성하고 가정과 직장, 신앙 공동체에서 동시에 많은 역할을 감당하는 시기이기 때문에, 교회는 이들이 신앙생활에 안정적으로 참여할 수 있도록 실질적인 여건을 조성해야 한다.

특히 허리세대가 흔들리지 않고 교회에 정착하면, 자연스럽게 그들의 자녀들인 다음세대가 교회 공동체 안에서 성장하고 신앙을 물려받게 된다. 따라서 교회는 이 연쇄 효과를 매우 전략적으로 고려해야 한다. 이를 위해 전 연령대를 아우르는 자녀 돌봄 공간, 연령별 전담 교역자, 맞춤형 신앙 교육 프로그램 등을 체계적으로 마련하고 운영하는 것이 필요하다.

고령자 비율이 낮은 교회에서 3040세대 증가율이 더 높게 나타난 것은 교회가 젊은 세대가 편안함을 느끼고 소속감을 가질 수 있는 문화와 환경을 조성할 때 긍정적인 결과를 얻을 수 있음을 시사한다.

또한 이는 반대로 고령자 비율이 높은 교회들에게는 3040세대와의 조화로운 공존을 모색하는 과제를 제기한다. 젊은 세대와 고령 세대가 함께 참여할 수 있는 교류 프로그램(예를 들면, 멘토링, 공동 봉사/선교 활동, 세대 통합 사역 등)을 통해 서로 이해하고 존중하는 문화를 조성하여 특정 세대에 치우치지 않는 균형 잡힌 교회 분위기를 조성할 필요가 있다.

지역적으로는 3040세대 수의 증가가 주로 대도시와 중소도시에서 일어난다는 점도 유의해야 한다. 읍면 지역에는 3040세대의 유출 현상이 심각하다. 아무래도 일자리, 교육, 문화생활 등 다양한 면에서 대도시에 비해 기회가 적어 3040세대가 정착하거나 유입되기 어렵다. 그러나 읍면 지역의 부흥하는 교회에서도 28.6%의 교회들은 3040교인 수의 증가를 경험했다. 따라서 교단이나 지역 교회연합기관 차원에서 지역 특성에 맞는 3040세대 사역 사례 연구 및 컨설팅을 계획할 필요가 있을 것이다.

결론적으로, 한국 교회는 3040세대를 단순히 부족한 숫자 채우기가 아닌, 교회의 현재와 미래를 이끌어갈 중요한 동력으로 인식하고 이들을 위한 전략적이고 지속적인 투자를 해야 한다. 이들을 위한 매력적인 사역 프로그램을 개발하고, 소그룹 활성화를 통해 깊은 관계를 맺도록 하며, 다음세대와의 연계를 강화하고, 젊은 세대가 편안하게 참여할 수 있는 교회 문화를 조성하는 것이 중요하다. 이러한 노력을 통해 한국 교회는 3040세대 사역에서 새로운 희망과 성장의 돌파구를 찾을 수 있을 것이다.

06
다음세대의 부흥

 많은 교회들이 다음세대를 교회의 미래라고 말하지만, 실제 사역의 우선순위에서 다음세대는 종종 뒷전으로 밀려난다. 그러나 조사 결과는 명확히 말한다. 다음세대 사역은 미래가 아닌 현재 교회의 부흥과 직결되어 있다. 다음세대가 살아 있는 교회는 오늘 건강하게 성장하고 있으며, 이 사역에 무관심한 교회는 서서히 소멸해가고 있다.

 부흥하는 교회에서는 다음세대의 성장이 분명히 체감되고 있다. 조사에 따르면, 부흥하는 교회 목회자의 43.8%, 성도의 45.9%가 코로나 이후 다음세대가 증가(매우+증가)했다고 응답하였다. 이는 다음세대의 수적 증가가 단순한 통계상의 변화를 넘어서, 교회 전체가 이를 공동체적 활력으로 인식하고 있음을 보여준다. 반면에 쇠퇴하는 교회에서는 목회자의 78.1%, 성도의 85.6%가 다음세대가 감소(매우+감소)했다고 응답하였다. 특히 주목할 점은, 쇠퇴하는 교회에서 성도들이 목회자보다 다음세대의 감소에 더 큰 위기의식을 느끼고 있다는 점이다. 이는 교회 구성원 내부에서도 다음세대 사역에 대한 무력감이

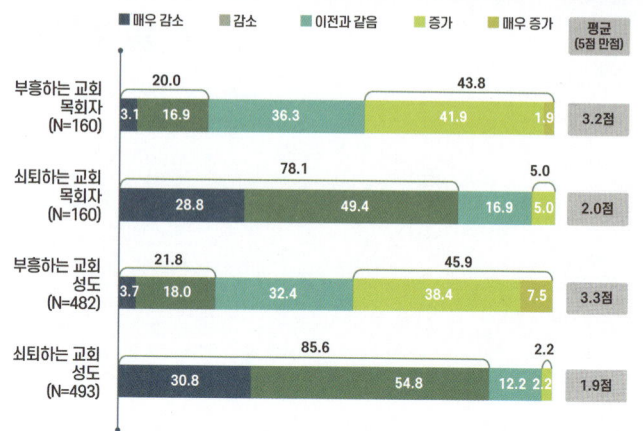

나 단절감을 경험하고 있음을 암시한다.

이러한 수치는 다음세대 사역이 교회의 현재 상태를 가늠하는 척도이며, 동시에 교회의 미래를 준비하는 핵심 지표임을 시사한다. 부흥하는 교회는 다음세대를 통해 성장의 에너지를 얻고 있는 반면, 쇠퇴하는 교회는 다음세대의 감소를 공동체의 쇠퇴와 직접적으로 연결된 문제로 인식하고 있는 것이다. 따라서 다음세대에 대한 투자 여부는 단지 교육 부서의 문제가 아니라, 교회 공동체 전체의 생존과 부흥을 결정짓는 전략적 요소임을 이 수치가 말해준다. 과거 1세대 전에는 다음세대가 증가한다고 장년 교인이 증가하지는 않았다. 지금은 부모가 교회를 다니면 자녀도 교회를 다니고, 부모가 교회를 다니지 않으면 자녀도 안 다니는 '가족종교화 시대'에 접어들었기에 다음세대 요인이 교회 부흥의 중요한 영향변수가 된 것이다.

핵심 인사이트

다음세대의 증가는 단일 요인에 의해 좌우되기보다, 다양한 세대 간 상호작용과 교회의 구조적 특성에 의해 복합적으로 영향을 받는다. 그중에서도 3040세대의 증가는 다음세대 성장과 가장 밀접한 상관관계를 보이는 요소이다. 한 세대의 활성화가 다른 세대의 부흥으로 이어지는 것이다. 실제로 3040세대가 증가한 교회에서는 다음세대 역시 함께 증가한 비율(73.3%)이 가장 높았고, 반대로 3040세대가 감소한 교회는 다음세대 감소 폭(78.6%)도 압도적으로 컸다. 이는 자녀를 둔 허리세대의 정착이 자녀 세대의 교회 참여로 자연스럽게 이어지는 구조를 보여준다. 즉, 부모 세대의 신앙적 활력과 공동체 참여가 자녀 세대의 신앙 형성과 성장에 직접적인 영향을 미친다는 점에서, 다음세대 사역은 결코 교육 부서만의 과제가 아니라 전 교회적 과제라 할 수 있다.

1. 교회학교 부서의 운영

한국 교회 다음세대 신앙 전수의 위기를 가리키는 대표적인 징후가 교회학교가 사라진다는 것이었다. 이번 조사에서 교회학교 부서의 존재는 부흥하는 교회와 쇠퇴하는 교회의 다음세대 사역을 가르는 중요한 기준이었다. 목회자들을 대상으로 한 조사에서 부흥하는 교

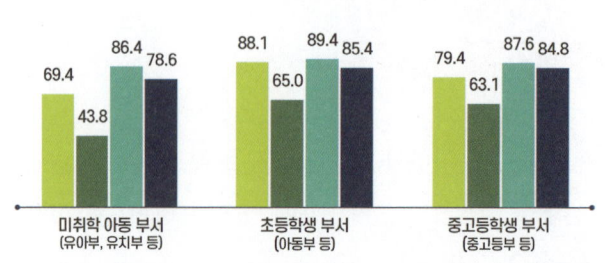

회일수록 전 연령대를 아우르는 교회학교 부서가 존재했고, 쇠퇴하는 교회에서는 상대적으로 교회학교 부서의 존재 비율이 낮았다.

교회학교 부서가 존재하는 비율은 아무래도 교회가 클수록 더욱 높아질 수밖에 없다. 부서 운영을 위한 인적, 물적 자원의 제공이 더욱 용이하기 때문이다. 하지만 부흥하는 교회들에서는 규모가 작더라도 교회학교 부서를 운영하는 비율이 같은 규모의 쇠퇴하는 교회들보다 훨씬 높게 나온다. 예를 들어, 미취학 아동 부서의 경우 30명 미만의 부흥하는 교회 가운데 40.0%가 해당 부서를 운영하는데 반해, 30명 미만의 쇠퇴하는 교회에서는 8.8%만이 운영한다. 30~50명 미만의 규모에서도 부흥하는 교회는 42.4%가 미취학 아동 부서를 운영하지만, 쇠퇴하는 교회에서는 22.7%만이 운영한다.

미취학 아동 부서(유아부, 유치부 등) '있다' 비율

부흥하는 교회 목회자 160명	
시무 교회 규모	
30명 미만	40.0
30-50명 미만	42.4
50-100명 미만	57.7
100명-500명 미만	93.4
500명 이상	100.0

쇠퇴하는 교회 목회자 160명	
시무 교회 규모	
30명 미만	8.8
30-50명 미만	22.7
50-100명 미만	56.3
100명-500명 미만	82.5
500명 이상	100.0

*출처 : 목회데이터연구소, '교회 성장과 쇠퇴 관련 조사'(과거 5년간 교인 정체/증가 & 향후 5년간 교인 증가 예상하는 담임목사 160명, 과거 5년간 교인 정체/감소 & 향후 5년간 교인 감소 예상하는 담임목사 160명 총 320명, 온라인조사, 지앤컴리서치, 2025.03.26.~04.09.)

미취학 아동 부서의 경우 작은 교회들이 하기에는 인적 자원이나 공간의 지원이 따르지 않을 수 있다. 그러나 여건이 어려움에도 불구하고 교회학교 부서를 설치하는 교회들은 그만큼 다음세대 사역에 우선순위를 두고자 노력하고 있음을 보여준다.

2. 교회의 규모는 다음세대 사역의 장벽이 아니다

교회 규모 역시 다음세대 증가에 일정한 영향을 미치는 요인으로 나타났다. 특히 500명 이상의 부흥하는 대형 교회에서는 다음세대가 증가한다는 비율이 상대적으로 컸으며, 이는 목회자와 성도의 응답 모두에서 일치되었다. 이는 대형 교회가 다음세대 사역을 위한 자원과 환경을 좀 더 안정적으로 제공할 수 있기 때문으로 해석할 수 있다. 그렇다고 해서 중소형 교회가 다음세대 사역에 있어 열위에 있다는 결론은 성급하다. 실제로 부흥하는 교회 성도들의 응답을 보면 100~500명 규모의 중형 교회 중에서도 다음세대가 증가한 비율은 48.2%였고, 500명~1,000명은 47.5%, 1,000명 이상은 54.9%로서 절대적인 차이는 크지 않다.

3. 지역적 요인도 다음세대 사역의 장벽이 아니다

지역적인 요인은 일정 부분 영향을 미친다. 서울 및 대도시의 부흥하는 교회에서 다음세대 증가 비율은 각각 48.7%와 46.9%였던 반면, 읍면 단위의 부흥하는 교회는 28.6%로 현저히 낮았다. 이는 다음세대 인프라나 사회적 자원 측면에서 대도시가 유리한 조건을 갖추고 있음을 보여준다. 그러나 동시에, 부흥하는 교회 성도 응답에서는 다음세대 증가 응답이 대도시 44.3%, 읍면 지역 39.5%로 큰 차이가 없었다. 이 결과는 지역이 절대적 장벽이 아님을 시사하며, 지역적 제약을 극복하고 다음세대 부흥을 이뤄낸 사례가 존재함을 보여준다.

4. 다음세대 사역은 우선순위의 문제다

이러한 통계들을 종합해서 고려할 때 다음세대 사역은 목회적 우선순위의 문제라 할 수 있다. 지역과 교회 규모가 아니라 교회의 실제적인 관심과 지원이 더욱 근본적인 변수이다. 예를 들어, 소속 교회의 강점 사역에 대해서 부흥하는 교회 목회자들은 1위 예배, 2위 친교/소그룹, 3위 다음세대, 4위 선교/전도, 5위 성인교육 순으로 응답한 반면, 쇠퇴하는 교회 목회자들은 1위 예배, 2위 친교/소그룹, 3위 선

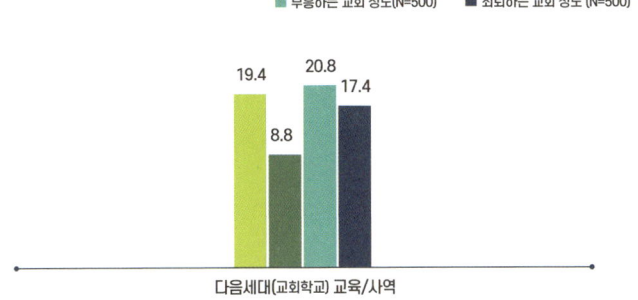

*출처 : 목회데이터연구소, '교회 성장과 쇠퇴 관련 조사'(과거 5년간 교인 정체/증가 & 향후 5년간 교인 증가 예상하는 담임목사 160명, 성도 500명, 과거 5년간 교인 정체/감소 & 향후 5년간 교인 감소 예상하는 담임목사 160명, 성도 500명 총 1,320명, 온라인조사, 지앤컴리서치, 2025.03.26.~04.09.)

교/전도, 4위 사회봉사, 5위 다음세대 순으로 응답했다.

　부흥하는 교회의 목회자들 가운데 19.4%가 다음세대 사역을 강점 사역으로 선택했으며, 쇠퇴하는 교회 목회자들의 8.8%가 다음세대를 강점 사역으로 선택했다. 이중 30명 미만의 부흥하는 교회에서는 강점 사역으로 다음세대 교육을 고른 목회자가 20.0%인 반면, 쇠퇴하는 교회에서는 단 7.0%에 그쳤다. 이는 교회 규모 자체보다 목회자의 인식과 사역 우선순위에 따라 다음세대가 어느 위치에 있느냐가 매우 중요하다는 것을 보여주고 있다.

핵심 과제

"내가 예배드리는데 내 아이 케어가 걱정되지 않도록 하기 위해 어린이 공간을 조성했어요. 저희는 2층을 모두 다음세대에게 할애했어요. 연령대에 맞게 인테리어도 했고요. 옥상에 인조잔디를 깔아서 뛰어놀 수 있도록 하고, 어린이 도서관도 만들었어요."

부모들이 자녀에 대한 걱정 없이 온전히 예배에 집중할 수 있는 환경을 제공하는 것은 다음세대와 그들의 부모가 교회에 정착하는 데 상당히 큰 영향을 준다. 앞선 분석에서 3040세대와 다음세대의 밀접한 연관성이 강조된 점을 고려할 때, 이 교회는 부모 세대의 필요를 충족시킴으로써 자연스럽게 다음세대의 유입과 정착을 유도하고 있다. 이는 부모와 자녀를 분리해서 보는 것이 아니라, 한 가정을 단위로 생각하는 통합적인 사역 접근 방식이다.

한국 교회에서 다음세대 사역은 교회의 미래와 직결되는 핵심적인 과제이며, 단순히 젊은이들을 모으는 것을 넘어 교회의 본질적인 사명을 계승하고 발전시키는 중요한 의미를 지닌다. 이번 조사에 따르면 부흥하는 교회와 쇠퇴하는 교회 간의 가장 두드러진 차이는 다음세대 증감에 대한 체감도에서 나타난다. 부흥하는 교회의 목회자와 성도들은 다음세대가 증가하고 있다고 긍정적으로 평가하는 반면, 쇠퇴하는 교회는 다음세대가 급격히 감소하고 있음을 체감하고 있었다. 이는 다음세대 사역이 교회의 생존과 직결되는 문제임을 명확히 보여준다.

07
부모교육의 활성화

다음세대 신앙교육의 가장 강력한 영향력은 부모에게서 나온다. 교회가 아무리 훌륭한 프로그램을 운영한다 해도, 부모의 신앙과 삶의 태도가 일치하지 않는 모습을 보면 자녀는 쉽게 신앙을 떠난다. 따라서 부모교육의 활성화가 곧 다음세대 사역의 성공을 좌우하는 핵심 요소임을 아무리 강조해도 지나치지 않을 것이다.

교회에서 다음세대와 관련된 사역들이 얼마나 잘 이루어지고 있는지에 대한 긍정 평가 비율을 보면 부흥하는 교회와 쇠퇴하는 교회의 차이가 확연하게 드러난다. 부흥하는 교회 목회자 중 교회학교가 성장한다고 응답한 비율은 57.2%인데, 부모교육이 활성화되었다는 응답은 30.3%로 가장 낮다. 성도 응답에서는 부모교육 활성화가 61.0%로 다소 높지만, 여전히 교회학교 성장(82.7%), 충분한 신앙교육(83.1%)보다는 낮다. 반면에 쇠퇴하는 교회는 부모교육 활성화 응답이 목회자 11.2%, 성도 29.3%로 현저히 낮으며, 교회학교의 성장도 35.6% 등 다른 항목도 낮다. 교회학교와 성인 부서와의 소통이라

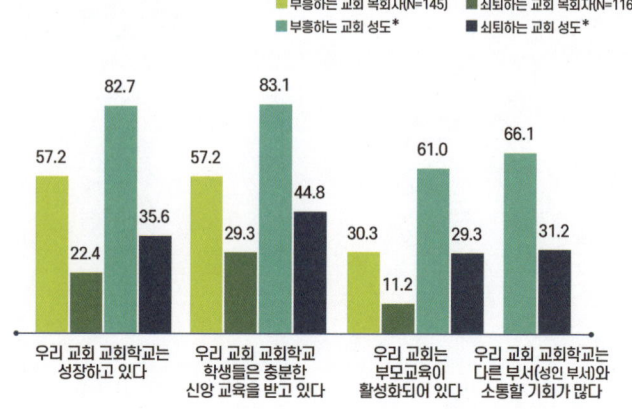

는 항목에서도 부흥하는 교회와 쇠퇴하는 교회 간 차이가 꽤 크게 나타난다.

이는 다음세대의 신앙이 지속되기 위해서는 교회학교와 성인 부서 간의 교류가 긍정적 역할을 한다는 것을 시사한다. 다음세대의 신앙이 성장하는 과정에서 성인 신앙 멘토(교회학교 교사나 선배)를 만난다거나, 수시로 세대 통합 예배를 드린다든지 하는 경험은 그들의 신앙이 더 큰 공동체 안에서 보호받고 지속되는 데 도움이 된다.

이 항목들 중에서 부모교육의 활성화는 부흥하는 교회 목회자와 성도, 쇠퇴하는 교회 목회자와 성도 모두에서 긍정 응답률이 가장 낮지만, 실상 교인 수 증가와의 상관성은 가장 높다(부록 2 참조). 왜냐하면 한국 교회 전반에서 부모교육이 약화된 영역임을 보여주는데, 이는 역으로 교회 부흥을 위해서 개선되어야 할 영역이기도 하기 때문이다.

핵심 인사이트

1. 3040세대 사역과의 관계

3040세대가 증가한 교회일수록 부모교육 역시 활성화되어 있었다. 상당수의 부모가 3040세대에 속하면서 다음세대 신앙 전수에서 가장 중요한 책임을 맡고 있기 때문이다. 이들은 자녀의 신앙을 중요하게 여기며, 가정 내에서 이를 실천하려는 의지가 높았다. 부흥하는 교회 중 3040세대가 증가한 교회는 부모교육의 활성화가 41.1%로 나왔지만, 3040세대가 감소한 교회에서는 부모교육의 활성화가 25.0%로 낮았다. 부흥하는 교회 안에서도 3040세대가 증가하느냐, 감소하느냐에 있어서 부모교육 활성화 여부가 유의미한 차이를 만들고 있는 것이다.

쇠퇴하는 교회 중에서 3040세대가 감소하는 교회의 부모교육이 활성화된 비율은 12.0%로 더욱 낮았다(쇠퇴하는 교회 중 3040세대가 증가한 교회의 표본수는 너무 적어서 제외했다). 즉 허리세대가 교회에 정착하면 부모교육 참여율도 높아지며, 이는 다시 자녀의 신앙교육과 교회학교 활성화로 이어지는 선순환 구조를 형성한다는 것이다. 부모교육이 활성화된 교회는 신앙 전수가 구조화되어 있고, 세대 간 신앙이 이어질 가능성이 높다. 반면에 쇠퇴하는 교회는 부모교육조차 부재

부모교육 활성화 '그렇다' 비율(교회학교 운영하고 있는 교회 목회자) (%)

부흥하는 교회 목회자 (145명)		쇠퇴하는 교회 목회자 (116명)	
3040세대 수 (사례수)	증가 비율	3040세대 수 (사례수)	증가 비율
증가(73)	41.1	증가(4)	25.0
비슷(60)	18.3	비슷(37)	8.1
감소(12)	25.0	감소(87)	12.0

*출처 : 목회데이터연구소, '교회 성장과 쇠퇴 관련 조사'(과거 5년간 교인 정체/증가 & 향후 5년간 교인 증가 예상하는 담임목사 160명, 과거 5년간 교인 정체/감소 & 향후 5년간 교인 감소 예상하는 담임목사 160명 총 320명, 온라인조사, 지앤컴리서치, 2025.03.26.~04.09.)

하여 다음세대와의 단절이 심화될 수 있다.

이러한 결과들을 미루어보면, 부모교육이 활성화되지 못하는 교회들에서 다음세대의 성장이 저조할 수밖에 없다. 교회 차원에서 다음세대 사역을 강조하며 해당 부서와 사역자를 지원한다 해도, 정작 다음세대의 부모에게 영적 각성이 없으면 신앙의 전수는 굳건할 수 없다. 그래서 3040세대의 부흥과 다음세대의 부흥이 서로 연동될 수밖에 없는 것이다. 부모교육의 활성화는 교회 부흥의 잠재적인 매개변수라 할 수 있다. 부모를 위한 신앙교육이 활발할수록 교회학교 성장, 신앙교육 질, 다음세대 사역이 탄탄해지고 교회 부흥의 선순환 구조가 만들어진다. 더 나아가 부모교육의 활성화는 정도의 차이는 있을지언정 부흥하는 교회와 쇠퇴하는 교회 모두가 진지하게 다루어야 할 중요한 과제다.

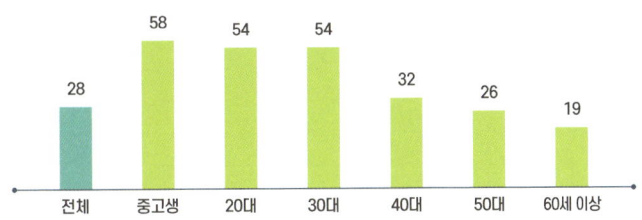

*출처 : 목회데이터연구소, 2024 한국교회트렌드(크리스천 중고생 조사), 2023.09.(교회출석 중고생 500명, 온라인조사, 2023.05.12.~24.)

2. 신앙 전수의 과제

한국의 기독교는 어느덧 가족종교화 현상을 띠고 있다. 목회데이터연구소에서 2024년에 발표한 가족종교화 현상 조사를 보면, 한국의 기독교인 가운데 모태신앙인은 10명 중 3명이지만 연령별로 보면 기독교인 중고생의 58%, 20대 기독교인의 54%가 모태신앙인이다. 이는 갈수록 한국의 기독교인 구성이 외부 전도를 통한 유입보다는, 같은 기독교인 가족 내에서 재생산되는 비율이 늘어남을 의미한다. 그렇다면 이러한 가족종교화는 다음세대의 신앙 형성과 지속에서 부모의 영향력이 더욱 확대됨을 보여준다. 부모의 신앙 수준이 높을수록 자녀의 교회 출석률도 높아지기 때문이다.

2023년 한국 교회 탐구센터의 의뢰로 목회데이터연구소에서 조사한 '개신교인의 가족 신앙에 대한 조사' 결과를 보면, 다음세대의 부

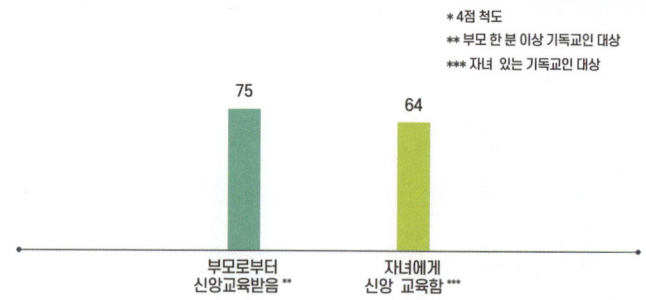

모를 구성하는 3040세대는 자신이 자녀에게 하는 신앙교육이 부모로부터 받은 것에 비해 부족하다고 인식한다. 자신이 '부모로부터 신앙교육을 받았다'는 응답은 75%인데, 정작 자신이 '자녀에게 신앙교육을 하고 있다'고 응답한 비율은 그보다 낮은 64%로, 부모 세대에게 받은 것보다 자신이 자녀에게 신앙교육을 덜 하고 있다고 평가했다. 또한 자녀를 신앙으로 양육하려는 노력도 50대, 40대, 30대의 순으로 연령이 낮을수록 떨어진다.

3. 교회와 부모의 협력이 관건이다

3040세대의 부모들이 신앙의 양육과 전수에서 그들의 부모에 비해 자신감과 노력이 덜하다는 것은 경종을 울리는 대목이다. 그러나 이들이 자녀를 신앙으로 양육하지 못하는 가장 큰 이유는 '부모인 내가 신앙이 확고하지 않아서'(26%)가 1위로 나왔다. 두 번째로 많이 나온

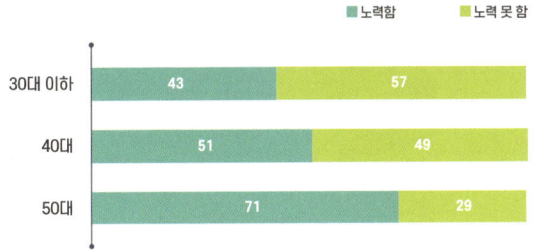

*출처 : 한국교회탐구센터, '개신교인의 가족신앙에 대한 조사'(만19-59세 교회출석자 중 초등학교 이전에 교회출석한 자, 1000명, 온라인조사, 지앤컴리서치, 2023.7.28.~08.11.))

응답은 '각자 너무 바빠 시간이 없어서'(21%)이고, 부모 자신이 '신앙교육의 구체적인 방법을 몰라서'가 9%로 나왔다. 이를 합산하면 부모 자신의 신앙적 요인(35%)이 신앙 전수에 가장 큰 걸림돌이라는 것이다. 그렇다면 신앙 전수는 교회가 부모와 협력해서 그들에게 바른 신앙을 확립시키고, 자녀를 위한 신앙 양육의 방법을 지도해야 할 공동의 과제인 것이다.

부모의 80%가 영적인 가정을 세우기 위해서 교회의 역할이 필요하다는 데 동의하며, 교회에서 부모의 역할 교육을 지원해주기 원한다는 비율도 49%로 높게 나왔다. 또 다른 조사에 의하면 교회에서 부모교육을 하면 참여할 의사가 있느냐는 질문에 성도 대부분인 87.3%가 참여할 의사가 있다고 응답했다.[5] 대다수의 부모들이 교회에서 자녀의 신앙교육을 위한 안내를 받을 의향이 있다는 의미이다.

그러나 본 조사에 따르면 실제로 부모교육이 활성화된 교회는 부흥하는 교회의 경우 30.3%이고, 쇠퇴하는 교회는 11.2%에 불과하

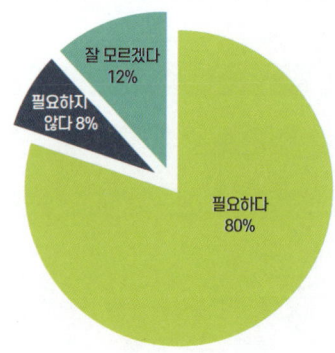

다. 부모는 가정 신앙교육의 1차 교사이므로, 부모가 변하면 가정이 변하고, 가정이 변하면 다음세대가 변하며, 이는 곧 교회의 질적, 양적 건강성으로 이어진다. 부모교육의 활성화는 교회의 총체적 부흥에 의외로 중요한 요인으로 기능한다.

핵심 과제

 효과적인 다음세대 사역의 핵심은 단순한 주일학교 프로그램이나 일회성 행사에 있지 않다. 성경이 일관되게 가르치는 바에 따르면, 신앙교육의 첫 번째 책임자는 교회가 아니라 부모이다. "네 자녀에게 부지런히 가르치며 집에 앉았을 때에든지 길을 갈 때에든지 누워 있을 때에든지 일어날 때에든지"(신 6:7)라는 성경의 명령은 가정이라는 신앙 공동체를 그 중심에 두고 있다. 그러나 최근의 조사 결과는, 한국 교회가 이 본질적 사명을 놓치고 있음을 통렬하게 보여준다.

 부흥하는 교회와 쇠퇴하는 교회를 비교한 다음세대 사역 평가 항목 중에서, 부모교육 활성화는 모든 교회 유형을 통틀어 가장 낮은 긍정 응답률을 기록했다. 이는 모든 교회가 공통으로 부모교육을 사역의 후순위에 두고 있음을 의미한다. 더욱 심각한 점은, 부모교육의 활성화 여부가 교인 수 증가, 다음세대 성장, 소그룹 활성화, 3040세대 정착 등 교회 부흥과 밀접하게 상관되어 있음에도 불구하고, 정작 실천과 전략에서는 가장 소홀히 다루어지고 있다는 사실이다.

 이러한 결과는 단지 프로그램 부재의 문제가 아니다. 부모의 신앙은 자녀의 신앙 형성에 가장 직접적인 영향을 미친다. 많은 연구가 이를 입증해왔고, 실제로 한국 교회의 청년 신앙자 중 절반 이상이 '모태 신앙인'임을 감안하면, 부모의 영향력은 통계적 사실로 확인된다. 그럼에도 불구하고, 대부분의 교회는 자녀를 교회에만 맡기고, 부모를 신앙교육의 '파트너'가 아닌 '소외된 관찰자'로 취급하는 구조를 고수하고 있다.

목회적으로도 반성이 필요하다. 목회자들은 다음세대 사역의 중요성은 강조하면서도, 정작 부모와의 연계 사역은 구조화하지 못한 채, 교육 담당자나 교사에게만 책임을 전가하는 경우가 많다. 그러나 자녀의 신앙이 지속 가능한 방식으로 형성되려면, 교회와 가정이 협력하고, 부모가 영적 제자도로 성장하는 과정에 동참해야 한다.

따라서 이제는 부모교육을 선택적 프로그램이 아니라, 교회가 부흥하기 위해 반드시 세워야 할 핵심 사역으로 자리매김해야 한다. 이는 교회의 규모나 지역을 불문하고 적용해야 할 전략이다. 부모가 먼저 하나님나라의 제자로 세워질 때, 자녀도 그 길을 따르게 될 것이다. 부모를 세우는 교회가 결국 다음세대를 세우고, 미래가 아니라 지금 여기의 부흥을 경험하게 될 것이다. 한국 교회는 이제 이 사역의 부재를 직시하고, 부모교육 활성화를 위한 구체적이고 지속 가능한 대안을 마련해야 한다. 이것이 다음세대 부흥의 시작점이다.

PART 3

부흥하는 교회는 대위임령에 헌신한다

예수님이 교회에 맡기신 가장 본질적인 사명은 마태복음 28장 19-20절의 대위임령이다. "가서 제자를 삼고, 세례를 베풀고, 가르쳐 지키게 하라"는 이 명령은 교회가 세상 속으로 나아가 복음을 전하고 사람들을 제자로 세우는 공동체가 되어야 함을 분명히 한다.

부흥하는 교회는 이 사명을 실제 사역의 중심에 두고 있다. 복음 전도는 선택이 아닌 정체성이며, 그 결과 회심자와 세례자가 꾸준히 증가하고 있다. 세례자의 증가는 단순한 출석 증가가 아니라, 교회가 복음을 통해 생명을 낳고 있음을 보여주는 명확한 증거다. 또한 복음을 받은 이들을 정착시키는 새가족 교육은 매우 중요하다. 등록한 이들이 신앙 공동체에 뿌리내리도록 돕는 이 사역은 부흥의 입구이자 연결고리이며, 이 시기를 놓치면 정착률은 급격히 떨어진다. 부흥하는 교회는 예산 운용에서도 대위임령에 충실하다. 외부 지향적 지출 비중이 높은 교회는 복음의 사회적 확장을 실천하고자 하는 의지를 재정으로도 드러내는 것이다. 부흥하는 교회가 어떻게 대위임령에 순종하여 부흥의 열매를 맺고 있는지 살펴보자. 진정한 부흥은 결국 복음에 대한 순종에서 시작된다.

08
세례자 수의 증가

세례는 교회의 지상 과제인 영혼 구원의 중심에 있다. 예수 그리스도를 믿는다는 것은 교회에서 세례를 받음으로써 공증된다. 세례자 수의 증가는 교인 수 증가와의 상관관계가 세 번째로 높은 항목이다(부록 2 참조). 세례받는 자가 늘어난다는 것은 교회가 단순 수평이동이 아닌 회심을 통해 부흥한다는 명확하고 직접적인 지표라 할 수 있다.

본 조사에 따르면 부흥하는 교회 목회자 중 46.3%가 세례자가 증가했다고 응답했으며, 감소했다는 응답은 12.5%였다. 대조적으로 쇠퇴하는 교회 목회자의 69.4%는 세례자 수가 감소했으며, 증가했다는 응답은 5.6%에 불과했다. 이러한 수치는 세례자 수가 단순한 지표가 아니라 교회가 살아 있는지 여부를 판단할 수 있는 핵심적인 성장 지표임을 보여준다.

부흥하는 교회에서 세례자 증가율은 46.3%이지만, 반대로 쇠퇴하는 교회에서는 세례자 증가율이 5.6%로 급감하는 경향을 보인다. 따라서 세례자 수 증가는 단순한 양적 결과가 아니라, 교회의 영적

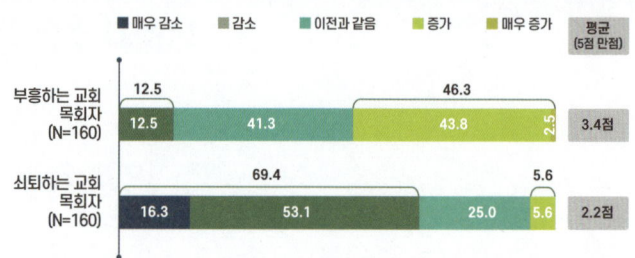

건강성과 제자화의 충실성을 측정하는 지표라 할 수 있다. 이는 회심과 새신자 양육, 공동체 참여가 일어날 때 자연스럽게 증가하는 항목으로서 교회 부흥을 가늠하는 대표적 기준이다.

핵심 인사이트

1. 환경적 연관성

세례자 수는 교회 규모나 지역, 연령 구성과도 어느 정도 관련이 있는 것으로 나온다. 서울과 충청 등 기독교 교세가 강한 대도시권의 부흥하는 교회는 세례자 증가율이 높았으며, 영남 및 강원/제주와 같이 상대적으로 교세가 약한 곳에서는 증가율도 낮았다. 교회 규모로는 일정한 차이가 없지만, 500명 이상의 대형 교회에서는 60%가 증가했다고 응답했다. 그 외 규모에 따른 세례자 증가의 특이점은 나

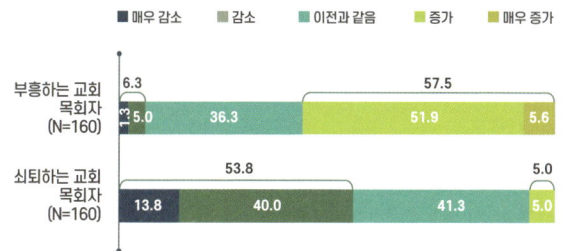

타나지 않는다. 왜냐하면 세례자 수의 증가는 대위임령에 대한 진실한 순종과 실천의 결과이기 때문이다. 아울러 세례자의 증가에서 교회 규모보다 더 뚜렷한 연관성을 보이는 항목들을 뒤에서 살펴보자.

2. 새신자 – 회심자 – 세례자의 프로세스

본 조사는 새신자와 회심자 수가 세례자 수와 밀접하게 연결되어 있음을 명확히 보여준다. 부흥하는 교회는 새신자 증가 57.5%, 회심자 증가 54.4%, 세례자 증가 46.3%로 세 요인 모두 코로나 이전 대비 증가했다는 비율이 50% 안팎으로 비교적 높았다. 반면에 쇠퇴하는 교회는 새신자 감소 53.8%, 회심자 감소 56.9%, 세례자 감소 69.4%로 감소했다는 비율이 절반 이상으로 매우 높았다. 즉 부흥하는 교회에서는 교회에 출석하는 새신자가 늘어나면 그중 상당수가 기독교 신앙으로 회심하게 되고, 이어서 세례자의 증가로 귀결된다.

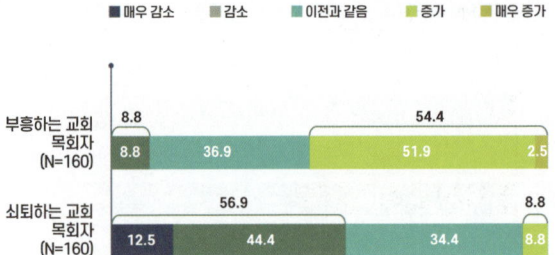

*출처: 목회데이터연구소, '교회 성장과 쇠퇴 관련 조사'(과거 5년간 교인 정체/증가 & 향후 5년간 교인 증가 예상하는 담임목사 160명, 과거 5년간 교인 정체/감소 & 향후 5년간 교인 감소 예상하는 담임목사 160명 총 320명, 온라인조사, 지앤컴리서치, 2025.03.26.~04.09.)

쇠퇴하는 교회에서는 새신자가 감소하면서 회심자가 더 줄게 되고, 교회의 세례자 수는 더욱 큰 폭으로 하락하는 양상이 나타난다. 부흥하는 교회에서 세례자의 증가는 이처럼 영적으로 건강한 프로세스의 귀결점이다.

이러한 새신자 전도 → 회심 → 세례로 이어지는 영적 프로세스가 정상 작동하고 있는 교회에서 대위임령을 충실히 이행한 결과로써 세례자 증가가 나타나는 셈이다. 이 과정에서 소그룹 활동, 교육 부서 운영, 사역 프로그램 등도 중요한 역할을 수행한다.

3. 3040세대 + 다음세대 + 사역 프로그램의 생태계

새신자 → 회심자 → 세례자로 이어지는 프로세스에서 계속해서 두드러지게 상관성을 띠는 항목들은 '3040세대 수의 증가'와 '다음세

부흥하는 교회의 새신자/회심자/세례자 증가 (부흥하는 교회 목회자 160명, 3개 항목별) (%)

구분		새신자 증가	회심자 증가	세례자 증가
3040세대 수	증가	80.0	78.7	65.3
	감소	14.3	7.1	42.9
다음세대 수	증가	74.3	71.4	62.9
	감소	28.1	25.0	25.0
사역 프로그램 수	증가	67.1	67.1	57.1
	감소	46.7	53.3	33.3

*출처 : 목회데이터연구소, '교회 성장과 쇠퇴 관련 조사'(과거 5년간 교인 정체/증가 & 향후 5년간 교인 증가 예상하는 담임목사 160명, 성도 500명, 과거 5년간 교인 정체/감소 & 향후 5년간 교인 감소 예상하는 담임목사 160명, 성도 500명 총 1,320명, 온라인조사, 지앤컴리서치, 2025.03.26.~04.09.)

대 수의 증가', 그리고 '사역 프로그램 수의 증가'이다. 이 세 항목이 서로 시너지를 이루며 부흥하는 교회의 세례자 증가와 쇠퇴하는 교회의 세례자 감소에까지 가장 큰 영향을 미치고 있다. 즉 부흥하는 교회의 경우, 세 항목 중 3040세대 수가 증가하면 새신자 증가 80.0%, 회심자 증가 78.7%, 세례자 증가 65.3%로 나타났는데, 세 항목 중 3040세대 수 항목이 가장 크게 영향을 주는 것으로 나타났다.

쇠퇴하는 교회에서는 이와 정반대의 양상이 나타난다. 여기서는 사역 프로그램 수의 감소가 새신자, 회심자, 세례자 감소와 가장 높은 상관관계를 보이고 있다.

이 수치들을 종합해볼 때, 먼저 세례자의 증가를 가져오는 것과 가장 연관성 있는 항목은 3040세대 수의 증가다. 추론해보자면, 3040세대는 다음세대의 부모 연령에 해당되기 때문에 그들의 자녀들이 유

쇠퇴하는 교회의 새신자/회심자/세례자 감소 (쇠퇴하는 교회 목회자 160명, 3개 항목별) (%)

		새신자 감소	회심자 감소	세례자 감소
3040세대 수	증가	0.0	50.0	0.0
	감소	67.3	70.2	84.6
다음세대 수	증가	0.0	12.5	50.0
	감소	64.0	69.6	81.6
사역 프로그램 수	증가	50.0	50.0	41.7
	감소	72.1	72.1	85.3

*출처 : 목회데이터연구소, '교회 성장과 쇠퇴 관련 조사'(과거 5년간 교인 정체/증가 & 향후 5년간 교인 증가 예상하는 담임목사 160명, 과거 5년간 교인 정체/감소 & 향후 5년간 교인 감소 예상하는 담임목사 160명 총 320명, 온라인조사, 지앤컴리서치, 2025.03.26.~04.09.)

아세례나 청소년기에 정식 세례와 입교를 받을 수 있다. 또는 결혼을 통해서 신앙을 갖게 된 경우에도 이 시기에 세례를 받을 수 있다. 한 마디로 3040세대의 가족적 요인으로 인한 세례자 수의 증가를 가져올 수 있다. 3040세대의 신앙 강화가 다음세대로의 신앙 계승을 가져오고, 이를 위해서 교회 안에 활발한 양육과 돌봄의 사역 프로그램이 다양하게 제공되었을 것이다. 이는 궁극적으로 세례자의 증가와 교회 부흥을 위한 기반이 된다.

4. 신앙 소그룹의 중요성

본 조사에서 '활발한 소그룹'이 부흥하는 교회의 세례자 증가에 영향을 주었다는 응답 비율은 50.0%로 앞서 논의한 세 항목에 비해서 높지 않았다. 그러나 소그룹 사역은 새신자가 회심자가 되고, 회심자에서 세례자로 나아가는 과정에서 격려와 지지의 공동체를 제공할 수 있다는 점에서 그 중요성을 간과할 수 없다. 바울은 "우리가 유대인이나 헬라인이나 종이나 자유인이나 다 한 성령으로 세례를 받아 한 몸이 되었고"(고전 12:13)라고 말한다. 세례는 개인의 신앙 결단 사건에 그치지 않으며, 그리스도의 몸을 이루는 공동체 안에서 일어나는 과정이다.

핵심 과제

세례는 교회의 본질적 사명인 제자 삼기의 공적 표지다. 예수님은 "모든 민족을 제자로 삼아 아버지와 아들과 성령의 이름으로 세례를 베풀고"(마 28:19)라고 명하셨다. 사도행전에서도 오순절 성령 강림 후 베드로의 설교를 들은 3천 명이 세례를 받고 신자가 되었다(행 2:41). 세례는 단지 회심의 선언이 아니라, 공동체에 편입되는 언약적 행위이며 교회의 정체성을 드러내는 핵심적 요소다. 따라서 교회는 단순히 출석자 수에 만족해서는 안 되며, 회심과 세례를 통한 '제자화의 완성'에 초점을 맞추어야 한다. 이를 위해서는 다음과 같은 전략이 필요하다.

첫째, 새신자 유입부터 회심에서 세례까지 연결되는 양육 시스템을 체계화해야 한다. 초신자 맞춤형 교육, 관계 전도, 소그룹 돌봄, 세례 준비 과정 등 단계별 프로그램이 유기적으로 연결되어야 한다.

둘째, 다음세대와 3040세대 중심의 장기 전략을 수립해야 한다. 이 연령대의 정착은 다음세대의 유입으로 이어지고, 가정 단위 회심과 세례로 발전할 수 있다. 어린이와 청소년 사역을 지속해야 한다. 적은 인원이더라도 신앙 공동체의 연속성을 위해 다음세대를 양육하는 것이 세례자로 이어지는 가장 기초적인 사역이다.

셋째, 작은 교회와 읍면 교회는 소그룹을 중심으로 관계 전도와 돌봄 사역을 집중적으로 운영해야 한다. 소규모의 유연성을 살려 평신도 중심의 소그룹 리더십을 세우고, 지속적인 양육을 통해 전도의 결실을 세례로 연결시켜야 한다.

결론적으로, 세례자 수의 증가는 단순한 숫자가 아니라 교회의 생명력과 사명 충실도의 척도다. 소그룹으로 유명한 가정교회의 경우, 내부적으로 연간 세례자 수를 출석교인의 최소 5%라는 기준을 정하고 목회하고 있는 것으로 알려져 있다. 각 교회들마다 세례자 수에 대한 목표 지수를 설정하고 목회하는 방안도 고려해볼 만하다. 교회가 전도, 회심, 세례로 이어지는 영적 선순환 구조를 견고히 할 때, 진정한 부흥이 이루어질 수 있다. 교회는 이제 이 프로세스를 강화하기 위한 전략적 재구성과 신학적 각성을 병행해야 할 시점이다.

09 전도의 실천과 문화

　부흥하는 교회의 새신자, 회심자, 세례자 증가는 대위임령을 향한 헌신의 결과라 할 수 있다. 대위임령을 향한 여정에는 세상을 향한 복음 전도의 사명이 수반되어야 한다. 전도가 어렵다는 이 시기에도 부흥하는 교회의 교인들은 전도를 실천한다. 그리고 교회는 전도의 문화가 형성되도록 말씀 선포와 교육을 통해 이를 강조한다.

　조사 결과, 선교와 전도에 대한 여러 항목에서 부흥하는 교회는 쇠퇴하는 교회에 비해 일관되게 높은 수치를 보였다. 먼저 선교에 대한 관심도에서 부흥하는 교회 성도의 70.4%가 관심이 있다고 응답한 반면, 쇠퇴하는 교회는 52.8%로 나타나 약 18%p의 차이를 보였다. 관심이 없다고 응답한 비율은 부흥하는 교회가 6.8%에 불과했으나, 쇠퇴하는 교회는 15.0%로 두 배 이상 높았다.

　해외 선교 참여율 역시 부흥하는 교회가 높게 나타났다. 부흥하는 교회 목회자들은 교인의 68.1%가 해외 선교에 참여하고 있다고 응답했으며, 성도 응답에서도 80.9%가 소속 교회가 해외 선교를 활발히 진행하고 있다고 인식했다. 반면에 쇠퇴하는 교회 목회자의 경우 51.9%만이 교인이 해외 선교에 참여하고 있다고 응답했고, 성도의 경우에도 61.3%가 교회가 해외 선교를 진행하고 있다고 답해, 전반적으로 참여도와 인식 수준 모두 부흥하는 교회보다 낮았다.

전도 실천 항목에서도 부흥하는 교회와 쇠퇴하는 교회 간 차이가 확연히 드러났다. 부흥하는 교회 목회자의 36.9%는 교인들이 전도를 적극적으로 실천한다고 응답했으며, 성도의 55.6%는 자신이 속한 교회 교인들이 타 교회보다 전도를 활발히 실천하고 있다고 평가했다. 반면에 쇠퇴하는 교회 목회자의 13.1%만이 교인들의 전도 실천이 적극적이라고 보았고, 41.3%는 전도를 실천하지 않는다고 응답해 부정적인 인식이 우세했다. 성도의 경우에도 26.3%만이 교인들이 전도 실천에 적극적이라고 응답해 부흥하는 교회 성도들보다 절반 정도의 낮은 비율을 보이고 있다.

이러한 수치를 종합해보면, 선교와 전도 모두에서 부흥하는 교회가 쇠퇴하는 교회보다 높은 관심과 참여도를 보이고 있음을 알 수 있다. 그러나 전체적으로 비교할 때, 전도에 대한 강조와 실천 수준이 선교보다 더 높게 나타난다. 이는 전도가 교회 사역 중 좀 더 일상적이고, 지역 사회와의 직접적 접점에서 실현되는 사역으로 인식되기 때문이며, 그만큼 성도들이 전도에 대해 더 높은 현실감을 갖고 실천하고 있음을 보여준다. 반면에 해외 선교는 거리적 문화적 장벽으로 인해 일반 성도들에게는 다소 먼 주제로 느껴질 수 있다.

주목할 점은 전도를 적극적으로 실천하는 성도의 비율이 부흥하는 교회와 쇠퇴하는 교회 모두에서 낮게 나타났다는 사실이다. 이는 전

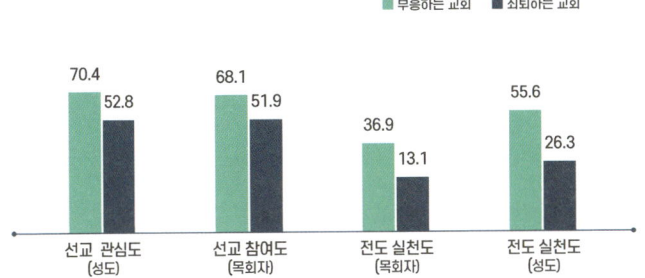

*출처: 목회데이터연구소, '교회 성장과 쇠퇴 관련 조사'(과거 5년간 교인 정체/증가 & 향후 5년간 교인 증가 예상하는 담임목사 160명, 성도 500명, 과거 5년간 교인 정체/감소 & 향후 5년간 교인 감소 예상하는 담임목사 160명, 성도 500명 총 1,320명, 온라인조사, 지앤컴리서치, 2025.03.26.~04.09.)

도에 대한 소극성이 한국 교회 전반에 걸친 구조적인 문제임을 시사한다. 그럼에도 불구하고 부흥하는 교회 성도의 55.6%가 자신들의 교회가 다른 교회보다 전도를 더 적극적으로 실천한다고 응답한 점은 전도에 대한 자부심과 동기부여가 여전히 살아 있음을 보여준다. 이러한 긍정적인 인식은 향후 전도 사역의 회복 가능성을 보여주는 희망적인 지표라고 할 수 있다.

핵심 인사이트

1. 우리가 전도에 소극적인 이유

전도의 현황을 관찰하면서 유의해야 할 점은 교회 규모에 따라 전도의 실천 정도가 비례한다는 것이다. 즉 작은 교회 성도들이 전도에 소극적이다. 이는 부흥하는 교회 목회자와 성도 모두에게서도 동일한 패턴으로 나타난다. 교회가 클수록 전도의 실천 정도가 더 강해지는 이유는 무엇일까? 단순히 교회가 수적으로 부흥하면 대위임령에 더욱 충실해지는 것이라고 단정할 근거는 없다. 한 가지 단서는 다른 문항에 대한 결과에서 엿볼 수 있다. 그것은 전도 관련 프로그램을 평가하는 문항이다.

소속 교회의 전도 관련 프로그램이 다양한지를 묻는 질문에 대부분의 응답자들은 낮은 동의율을 보였다. 부흥하는 교회 목회자의 16.3%는 본인 교회의 전도 프로그램이 다른 교회보다 다양하다고 응답한 반면, 37.5%는 그렇지 않다고 답해 프로그램의 다양성에 대한 인식은 낮은 편이었다. 반면에 성도는 48.4%가 전도 프로그램이 다양하다고 응답했으며, 부정 응답은 18.8%로 목회자보다 훨씬 긍정적인 인식을 보였다. 쇠퇴하는 교회 목회자의 60.6%는 본인 교회의 전도 프로그램이 다양하지 않다고 응답했으며, 긍정 응답은 3.8%에 불과했다. 성도의 경우도 33.4%가 전도 프로그램의 다양성 부족을 응답했으며, 전반적으로 쇠퇴하는 교회의 목회자와 성도 모두 전도 프로그램에 대한 인식이 부정적인 방향으로 나타났다.

부흥하는 교회와 쇠퇴하는 교회 목회자들 모두 전도 프로그램의 다양성에 대한 긍정적 인식이 낮다는 것은 앞서 교인들의 전도 실천 정도가 낮은 것과 연결해서 성찰해야 할 사안이다. 향후 한국 교회의 교세가 감소할 것으로 예측되고, 교회에 대한 신뢰도가 높지 않은 상황이다. 교회에 대한 사람들의 인식이 비우호적이 되어가는 상황에서 과거와 같은 전도 방식을 고수하는 것이 지혜로운지 돌아볼 필요가

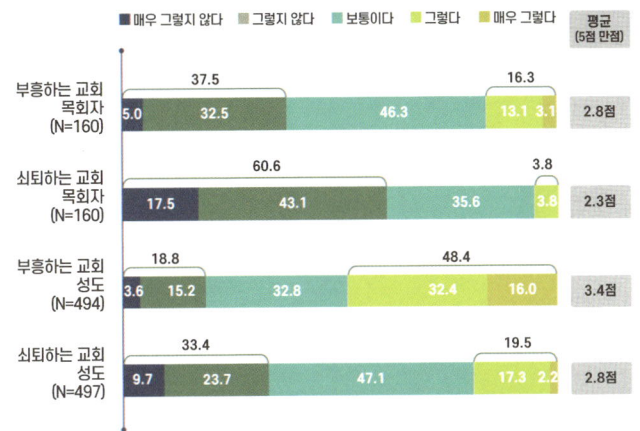

*출처: 목회데이터연구소, '교회 성장과 쇠퇴 관련 조사'(과거 5년간 교인 정체/증가 & 향후 5년간 교인 증가 예상하는 담임목사 160명, 성도 500명, 과거 5년간 교인 정체/감소 & 향후 5년간 교인 감소 예상하는 담임목사 160명, 성도 500명 총 1,320명, 온라인조사, 지앤컴리서치, 2025.03.26.~04.09.)

있다. 복음의 본질은 변함이 없지만, 그 복음을 담아내고 풀어내는 방식은 바뀔 수 있다.

2. 전도의 강단이 되게 하라

전도의 동력이 과거에 비해 약해진 상황에서도 전도를 강조하는 설교나 교회 차원의 전도 교육은 성도들에게 여전히 긍정적인 영향을 주는 것으로 보인다. 전도 관련 설교에서 부흥하는 교회의 목회자는 '매분기'(36.3%), '매월'(33.1%), '반기별'(24.4%) 순으로 전도 설교를 하고 있으며, 상대적으로 설교 빈도가 고르게 분포되어 있다. 반면에 쇠퇴하는 교회 목회자는 '매분기'(39.4%), '반기별'(29.4%), '매

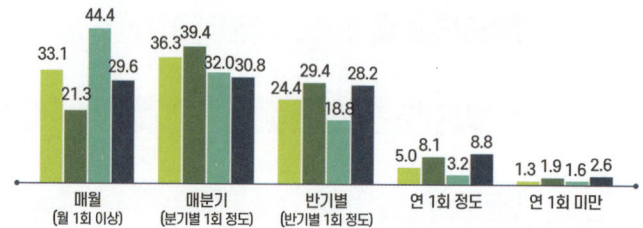

월'(21.3%) 순으로 응답해, 월 단위 전도 설교 빈도가 상대적으로 낮은 수준이었다. 부흥하는 교회의 성도는 담임목사가 전도 설교를 '매월'(44.4%) 한다고 응답한 비율이 가장 높았으며, 이어 '매분기'(32.0%), '반기별'(18.8%) 순이었다. 쇠퇴하는 교회의 성도는 '매분기'(30.8%), '매월'(29.6%), '반기별'(28.2%) 순으로 응답해, 부흥하는 교회보다 목사님의 전도 설교 빈도가 상대적으로 더 적은 점이 주목된다.

3. 전도 교육을 실행하라

교회 차원의 전도 교육도 부흥하는 교회와 쇠퇴하는 교회 간 차이를 보여준다. 부흥하는 교회 목회자의 65.0%는 지난 1년간 전도에 대한 교육이나 훈련을 실시했다고 응답했으며, 성도 역시 66.4%가 해당 교육이나 훈련을 받은 경험이 있다고 응답했다. 쇠퇴하는 교회

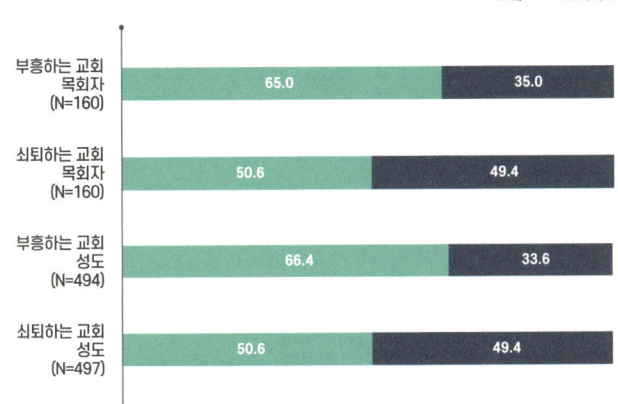

*출처 : 목회데이터연구소, '교회 성장과 쇠퇴 관련 조사'(과거 5년간 교인 정체/증가 & 향후 5년간 교인 증가 예상하는 담임목사 160명, 성도 500명, 과거 5년간 교인 정체/감소 & 향후 5년간 교인 감소 예상하는 담임목사 160명, 성도 500명 총 1,320명, 온라인조사, 지앤컴리서치, 2025.03.26.~04.09.)

는 목회자와 성도 모두 50.6%만이 지난 1년간 전도 교육이나 훈련을 실시했다고 응답했으며, 나머지 49.4%는 실시하지 않았다고 응답해 양분된 경향을 보였다.

지난 1년간 실제로 전도한 인원에서도 부흥하는 교회와 쇠퇴하는 교회 간 차이가 난다. 부흥하는 교회 성도는 1년 동안 전도하지 못한 비율이 50.4%이었으며, '1명' 18.0%, '2명' 12.4%, '3~4명' 7.0%, '5명 이상' 12.2%로 응답했다. 평균은 1.5명이었다. 쇠퇴하는 교회 성도는 1년 동안 전도하지 못한 비율이 66.8%였으며, '1명' 12.8%, '2명' 9.4%, '3~4명' 4.6%, '5명 이상' 6.4%로 응답했다. 평균은 1.0명이다. 두 그룹간 평균 전도한 사람 수를 비교하면, 부흥하는 교회 성도들은 쇠퇴하는 교회 성도들보다 50% 더 전도하는 셈인데, 상대적으로 전도 활동에 적극적인 것을 알 수 있다.

핵심 과제

"프로그램을 너무 많이 하다보면 영혼 구원에 집중하지 못하고 형식적이 됩니다. 그래서 핵심적인 것만 남겨주었지요."(J교회)

"훈련이 굉장히 중요해요. 저는 중보기도 훈련, 전도폭발 훈련으로 이분들이 일꾼으로 세워지게 되면서 코로나 기간도 굉장히 건강하게 지낼 수 있었어요."(S교회)

대위임령은 교회의 본질적 사명이다. 선교와 전도에 대한 관심과 강조, 그리고 실제 회심자 수와 세례자 수의 증가로 볼 때 부흥하는 교회가 대위임령에 더욱 충실하려는 모습이 나타난다. J교회의 목회자는 교회의 프로그램과 형식을 최소화하면서 영혼 구원이라는 본질적 사명을 위해 복음 증거에 집중하는 예배를 구상한다고 말했다. 이 교회는 주일예배와 다음세대, 소그룹, 가정예배까지 하나의 복음이 교회 전체를 관통하게 했다. 전도는 특별한 프로그램이기에 앞서 교회가 늘 기도하고 기억해야 하는 복음을 삶으로 실천하는 것이다. 이 교회는 교인들에게 전도를 하도록 강요하고 부담을 주는 것이 아니라 복음의 능력과 나눔이 교회의 모든 생활에 스며들게 하고 있다.

또한 평소 전도를 삶에서 실천하기 위해서는 적절한 훈련이 필요하다. 성경은 우리가 전할 복음의 대답을 미리 준비하라고 한다. "너희 속에 있는 소망에 관한 이유를 묻는 자에게는 대답할 것을 항상 준비하되"(벧전 3:15). S교회는 교회가 엄혹한 시기를 보내는 가운데서도 성도들이 중보기도와 전도의 훈련을 받아 영적 활력을 잃지 않았고, 부흥을 이루는 데 견인차 역할을 했다고 한다. 전도를 실천하기 위해서는 복음에 관해서 대답할 수 있는 훈련이 필요한 것이다.

결론적으로, 부흥하는 교회는 전도와 선교를 모두 교회의 핵심 사명으로 인식하고, 이를 실제 사역 구조 속에 통합하여 일상적으로 실천하고 있다. 반면에 쇠퇴하는 교회는 이 두 영역에서 관심과 실행력이 모두 낮아져 있으며, 이는 교회 건강성의 약화로 직결된다. 이러한 차이는 사명의 본질에 대한 인식과 실천이 교회 구성원의 태도와 삶에 어떤 영향을 미치는지를 보여주는 중요한 지표라 할 수 있다.

부흥하는 교회의 성장과 활력은 단순한 규모나 외형의 확장이 아니라, 복음 전도와 선교라는 본질적 사명을 충실히 수행한 데서 비롯된다. 전도와 선교에 헌신하는 성도는 교회의 사명에 능동적으로 참여하는 일꾼이며, 이들의 존재 자체가 교회의 생명력과 역동성을 보여주는 증거가 된다.

전도와 선교는 일부 사역자의 일이 아니라 교회 전체의 존재 이유이며, 모든 성도가 함께 감당해야 할 본질적 사명이다. 부흥하는 교회는 이 사명을 교회의 예배, 교육, 훈련, 사역 전반에 스며들게 함으로써, '전도와 선교를 실천하는 성도'라는 열매를 맺고 있는 것이다.

10
새가족 교육의 체계화

　새가족 교육은 교회 부흥과 밀접하게 연관되어 있다. 단순히 많은 사람이 등록하는 것이 아니라, 등록한 사람이 정착하고 헌신하는 교인이 되어야 진정한 부흥이 이루어진다. 가장 결정적인 시기가 바로 '새가족' 단계이다. 이 시기를 놓치면 정착하지 못하고 떠나는 경우가 많고, 실제 많은 교회에서 새신자 이탈률이 높은 이유도 여기에 있다.
　본 조사에서는 교회의 사역 프로그램이 얼마나 효과적인지를 측정하기 위해서 새가족 교육, 세대별 교육, 소그룹 활동에 대해 평가하였다. 이 세 가지 프로그램은 성도의 영적 필요에 부응하는 사역이라 할 수 있다. 새가족 교육은 교회 소속감과 신앙 입문을 위해서 필요하며, 세대별 교육은 생애 주기와 삶의 과제에 부응하며, 소그룹 활동은 성도의 교제에 기여한다. 세 가지 사역 프로그램에서 부흥하는 교회는 쇠퇴하는 교회보다 뚜렷한 격차를 보여주었다. 이 가운데 새가족 교육은 새신자를 환영하고 그를 교회에 정착시키는 데 효과적인 역할을 한다.

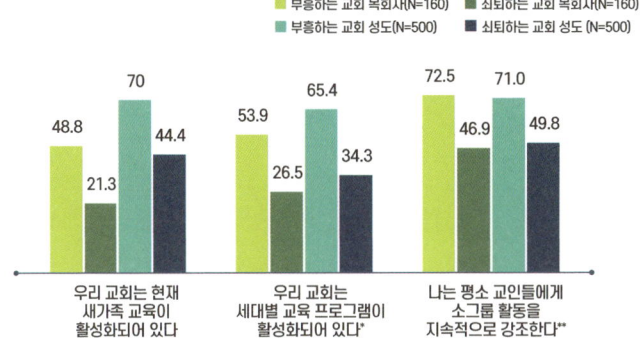

목회자를 대상으로 한 새가족 교육과 세대별 교육의 활성화에 대한 긍정적 응답은 부흥하는 교회와 쇠퇴하는 교회 간에 두 배 이상 큰 차이가 난다. 먼저 새가족 교육에 대한 평가는 부흥하는 교회 목회자의 48.8%, 성도 69.2%가 활성화되어 있다고 응답했다. 반면에 쇠퇴하는 교회의 경우, 목회자는 21.3%, 성도는 43.8%만이 활성화에 긍정적으로 응답해 차이를 보였다. 새가족 교육에 대한 부흥하는 교회와 쇠퇴하는 교회 간 차이는 목회자 기준 27.5%p, 성도 기준 25.4%p로 나타난다.

세대별 교육 프로그램에 대해 부흥하는 교회는 목회자 53.9%, 성도 64.6%가 활성화되어 있다고 응답해 절반 이상이 긍정 평가를 보였다. 쇠퇴하는 교회는 세대별 교육 프로그램이 활성화되어 있다는 응답이 목회자 26.5%, 성도 34.0%로 나타나 이 역시 부흥하는 교회와 큰 차이를 보였다. 그런데 쇠퇴하는 교회 목회자들에게 세 프로그램 중에서 가장 부진한 항목이 무엇이냐는 질문에 '새가족 교육 활성화'를 꼽았는데, 이는 이 점이 교회 부흥을 위해서 가장 개선되어야 할 과제임을 방증한다.

새가족 교육은 교회의 문턱을 넘은 이들이 신앙 공동체에 자연스럽게 정착하고 성장할 수 있도록 돕는 중요한 첫걸음이다. 단순히 교리에 대한 안내를 넘어, 교회의 가치와 문화, 신앙의 기초를 함께 나누며 공동체 일원으로 연결되는 통로 역할을 한다. 새가족이 교회에 뿌리를 내리고 지속적으로 출석하며 사역에 참여하기 위해서는 반드시 이 과정을 거쳐야 한다.

핵심 인사이트

1. 새가족 교육의 실제적 효과

새가족 교육의 활성화는 교회 부흥과 밀접한 상관관계를 보인다. 먼저 부흥하는 교회의 교인 수 변화와 관련된 데이터를 보면, 교인 수가 증가한 교회 중 52.2%의 목회자가 새가족 교육이 활성화되어 있다고 응답했다. 반면에 쇠퇴하는 교회의 교인 수가 감소한 교회에서는 오직 20.0%만이 그렇게 응답했다. 이 차이는 단순한 수치 이상의 의미를 갖는다. 즉 새가족 교육이 체계적으로 이루어지는 교회일수록 교인이 꾸준히 늘어나는 경향이 있으며 앞서 말한 것처럼 새신자 → 회심자 → 세례자로 이어

새가족 교육 활성화 여부 (부흥하는 교회 목회자) (%)

구분		사례수(명)	우리 교회는 현재 새가족 교육이 활성화되어 있다
전체		160	48.8
시무교회 교인 수	증가	92	52.2
	비슷	68	44.1
시무교회 다음세대 수	증가	70	52.9
	비슷	58	51.7
	감소	32	34.4
시무교회 3040 교인 수	증가	75	57.3
	비슷	71	42.3
	감소	14	35.7
시무교회 사역 프로그램 수	증가	70	54.3
	비슷	75	46.7
	감소	15	33.3
시무교회 소그룹 활동	활발	122	57.4
	침체	33	21.2
	소그룹 없음	5	20.0
시무교회 교육 부서	있음	145	52.4
	없음	15	13.3

*출처 : 목회데이터연구소, '교회 성장과 쇠퇴 관련 조사'(과거 5년간 교인 정체/증가 & 향후 5년간 교인 증가 예상하는 담임목사 160명, 성도 500명, 과거 5년간 교인 정체/감소 & 향후 5년간 교인 감소 예상하는 담임목사 160명, 성도 500명 총 1,320명, 온라인조사, 지앤컴리서치, 2025.03.26.~04.09.)

지는 영적 성장의 프로세스가 확립될 가능성이 높다. 이는 새가족 교육이 교회 부흥의 출발점이자 견고한 기반임을 시사한다.

다음으로, 새가족 교육은 다음세대와 3040세대의 유입과도 중요한 관련성을 지닌다. 다음세대가 증가한 교회의 경우 52.9%가 새가족 교육이 잘 운영되고 있다고 답했으며, 3040교인 수가 증가한 교회는 이보다 더 높은 57.3%가 새가족 교육이 활성화되어 있다고 응답했다. 이로 미루어볼 때, 새가족 교육은 단지 신앙 지식의 전달을 넘어 자녀를 둔 부모 세대, 즉 3040세대의 교회 정착을 돕고, 그들의 자녀 세대까지 함께 교회에 뿌리내리게 하는 핵심 통로 역할을 한다고 볼 수 있다.

또한 새가족 교육은 소그룹 활동이나 교육 부서와 맞물릴 때 더욱 강력한 효과를 발휘한다. 실제로 소그룹 활동이 활발한 교회는 57.4%가 새가족 교육이 활성화되어 있다고 답했으며, 소그룹이 침체된 교회는 그 비율이 21.2%에 불과했다. 마찬가지로 교육 부서가 존재하는 교회는 52.4%가 새가족 교육을 운영 중이라고 했지만, 교육 부서가 없는 교회의 경우 13.3%에 불과했다. 이처럼 부흥하는 교회는 소그룹과 교육 부서, 새가족 교육이 서로 유기적으로 연결되어, 새신자들이 교회에 안정적으로 정착하고, 신앙 공동체에 통합되도록 돕는 실질적인 기반을 제공한다.

2. 새가족 교육의 의미

한국 교회의 새신자 정착률에 관한 공식 통계는 없지만, 높지 않은 것으로 평가된다. 이와 관련해서 체계적인 새가족 교육 프로그램을 통해서 실제 정착률을 올렸다는 사례나 연구도 소개되고 있다. 이러한 사례와 연구에서 공통적으로 가리키는 것은 새가족 교육은 정착률 제고의 핵심 전략이라는 것이다. 이는 단순 정보 전달을 넘어 관계 및 제자화의 중심이다. 새가족 교육은 초신자 교육뿐 아니라 양육,

소속감, 공동체 경험으로 이어지는 체계를 형성한다.

새가족 교육이 잘 운영되는 교회에서는 그 과정을 수료한 교인 중 일부가 소그룹 리더나 봉사자로 성장하는 비율이 높았다. 새가족 교육은 교인의 정착뿐 아니라 사역 참여와 리더십 개발의 출발점이 될 수 있다. 이는 본 조사에서 드러난 교인 수 증가와 상관성이 높은 사역 참여도, 봉사자 수의 증가, 평신도 사역의 활성화와 새가족 교육이 상호보완적 관계가 될 수 있음을 보여준다.

한 가지 유념해야 할 점은 새가족 교육, 세대별 교육, 소그룹 활동 모두가 교회 규모에 따라 활성화 및 강조 정도가 달라진다는 점이다. 교회가 클수록 이 사역들이 더욱 활성화되는 양상을 보인다. 이러한 사역들이 성도의 영적 필요에 따른 맞춤 사역이기 때문에 가용한 인적 물적 자원의 여유가 있는 큰 교회들에서 활성화될 가능성이 높다. 지역적으로도 대도시 교회들이 읍면 단위에 위치한 교회들에 비해 더 활성화된 것으로 나타났다. 이처럼 교회 규모와 지역에 따른 차이가 존재하는 것은 사실이지만, 그러한 차이로 인해서 영적 필요에 맞춤화된 사역을 실행하지 못할 정도는 아니다. 예를 들어, 새가족 교육만 하더라도 부흥하는 읍면 단위의 교회들에서는 40.0%가 활성화되었다고 응답했는데, 죽어가는 읍면 단위의 교회들에서는 불과 4.3%만이 활성화되었다고 응답했다. 심지어 대도시에 있는 쇠퇴하는 교회들의 27.5%만이 활성화되었다고 응답하여, 부흥하는 읍면 단위의 교회들의 활성화 정도보다 못하다.

교회의 지역적 특성이나 규모에 따른 가용 자원의 문제는 현실적으로 존재한다. 작은 교회나 지방에 있는 교회들이 대도시, 대형 교회의 프로그램을 모방하기에는 벅차고 상황도 잘 맞지 않을 수 있다. 그러나 그러한 차이가 교회로 하여금 성도의 영적 필요를 파악하고 그들의 영적 성장을 위해서 헌신하는 데 결정적인 한계는 아니다.

핵심 과제

톰 레이너의 《우리 교인 다 어디로?》에서는 교인들에게 요구하는 기대 수준을 높이는 것이 교회의 영적 회복을 위한 핵심 과제임을 강조하고 있다.[6] 새가족 교육은 이러한 기준을 세우는 중요한 첫걸음이다. 새가족 교육의 가장 큰 의의는 교회에 대한 정체성과 소속감을 형성하는 데 있다. 처음 교회를 찾은 이들은 설교나 예배만으로는 공동체의 일원이라는 느낌을 갖기 어렵다. 그러나 새가족 교육을 통해 교회의 역사, 비전, 리더십, 신앙생활의 기본을 배우면서 자연스럽게 공동체에 대한 이해와 애정이 형성된다. 또한 신앙의 기초가 부족한 이들도 체계적인 교육 과정을 통해 회심을 경험하고 복음을 받아들이는 여정을 밟을 수 있다.

사도 바울은 신앙인이 되는 것을 예수 그리스도 안에 뿌리내리는 과정으로 묘사한다. "그러므로 너희가 그리스도 예수를 주로 받았으니 그 안에서 행하되 그 안에 뿌리를 박으며 세움을 받아… 믿음에 굳게 서서…"(골 2:6-7). 이 말씀은 예수님을 주로 영접한 자들이 그분 안에 살아가되 단단히 뿌리내리고 자라야 함을 강조한다.

새신자들도 마찬가지다. 단순히 예수님을 믿고 교회에 등록했다고 해서 곧바로 신앙 안에 굳게 서는 것은 아니다. 믿음의 뿌리를 내리고 교회 공동체 안에서 성장하려면 체계적인 교육과 양육이 반드시 필요하다. 바로 이 지점에서 새가족 교육은 중요한 역할을 한다. 새가족 교육은 새신자가 처음 믿음을 받아들인 이후, 그 신앙이 삶으로 이어지고 공동체 안에서 건강하게 자라도록 돕는 과정이다. 다시 말해, 새가족 교육은 "그 안에 뿌리를 박으며 세움을 받아"라는 말씀을 오늘날 교회 안에서 실제로 구현하는 핵심적인 사역이라 할 수 있다.

부흥하는 교회일수록 새가족 교육이 체계적이고 활발하며, 이 과정을 통해 양육과 사역 참여로 자연스럽게 연결되는 경향이 있다. 반면에 쇠퇴하는 교회는 새가족 정착에 대한 인식이 부족하거나 교육 프로그램이 부실하여 유입된 사람을 지키지 못하는 경우가 많다.

결국, 새가족 교육은 교회의 단기적 성장뿐 아니라 다음세대와 부모 세대를 포함한 전체적인 신앙 공동체 형성에 결정적인 역할을 한다. 이 교육이 활발하게 이루어지는 교회는 다양한 사역에서도 시너지 효과를 누리며, 자연스럽게 교회가 부흥하는 선순환 구조를 이루게 된다. 교회가 새가족 교육에 더 많은 관심과 자원을 투자해야 할 이유가 여기에 있다.

11
교회 담장을 넘는 재정

우리는 흔히 교회의 예산을 그 교회의 신앙고백이라 말한다. 그만큼 교회의 예산과 지출은 그 교회의 진정한 관심과 가치가 어디에 있는지를 보여준다. 예수님의 "너희 보물 있는 곳에는 너희 마음도 있으리라"(눅 12:34)는 말씀은 교회의 예산에 가치가 반영된다는 사실을 담고 있다. 교회가 내부 시설과 구성원을 위해서만 예산을 사용한다면 그 교회는 자기중심적 가치관을 지녔다 해도 무방하다. 세상으로 나아가 대위임령을 수행하는 데 진심인 교회는 예산 편성과 지출의 방향이 외부를 향하지 않을 수 없다.

시무교회 예산 지출 비율에 대해 부흥하는 교회 목회자의 71.9%는 내부 지출 비중이 높다고 응답했으며, 외부 지출이 높다고 응답한 비율은 28.1%에 불과했다. 쇠퇴하는 교회 역시 내부 지출이 74.2%로, 부흥하는 교회와 유사한 수준의 응답 결과를 보였다. 부흥하는 교회와 쇠퇴하는 교회 모두 예산 지출 구조에서 내부와 외부 비율이 약 7 대 3 수준으로 유사하게 나타나, 지출 비율 그 자체는 교회의 부

홍과 쇠퇴 여부를 구분 짓는 주요 변수가 아닌 것으로 확인되었다.

여기서 열쇠는 외부 지출 예산의 비율이 증가하고 있느냐의 문제다. 코로나 이전 대비 외부 지출 비율이 늘었다고 응답한 비율은 부흥하는 교회 목회자가 48.1%인 반면, 쇠퇴하는 교회는 18.1%로 크게 낮아, 부흥하는 교회는 외부 지향적 사역에 예산을 적극적으로 확대하고 있는 것으로 나타났다. 성도의 응답에서도 목회자와 동일한 경향이 나타났다. 쇠퇴하는 교회 성도는 예산과 사역이 내부 중심으로 집중된다고 인식했으며, 외부 지출 증가 응답률도 부흥하는 교회 성도에 비해 20%p 이상 낮게 나타났다. 이러한 외부 지출 예산의 증가는 교회가 교회 밖 외부 사역에 이전보다 더 집중한다는 것을 뜻한다. 부흥하는 교회의 목회자들은 내부 사역에 더 집중한다는 응답이 48.8%인 반면, 쇠퇴하는 교회의 목회자들은 60%라고 응답해 큰 차이를 보였다. 즉, 부흥하는 교회는 예산과 사역 모두 쇠퇴하는 교회

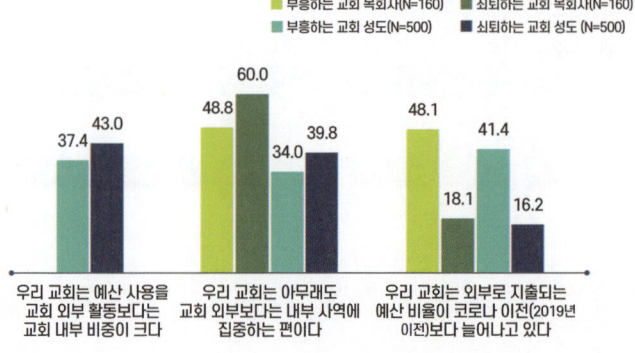

보다 외부 지향적임을 알 수 있다.

외부 지출의 증가는 단순한 재정 배분의 문제가 아니라, 교회의 성장과 활력을 가늠하는 중요한 지표로 해석될 수 있다. 부흥하는 교회들은 예산 운영과 사역의 초점을 내부에 국한하지 않고, 지역 사회 봉사, 전도, 선교 등 외부 활동에 적극적으로 투자하는 외부 지향적 성향을 보인다. 이러한 외부 지출은 단순히 돈을 쓰는 차원을 넘어, 교회가 세상과 연결되고 지역 사회의 필요에 응답하며 복음을 전하는 사명을 실천하고 있다는 증거가 된다.

결과적으로 이러한 외부 이니셔티브는 새로운 교인을 유치하고(기독교인 중 신앙이 낮을수록 교회의 외부 활동에 관심도가 높다) 교회의 외연을 확장하는 데 중요한 역할을 하게 된다. 외부 지향적 사역을 향한 이러한 선제적이고 적극적인 대응은 교회가 부흥하는 기반을 더욱 견고히 하는 요소로 작용할 가능성이 크다.

핵심 인사이트

외부 예산 지출은 부흥하는 교회의 주요 특징들과 어떻게 조화를 이루는지 살펴보자.

1. 코로나 이후의 변화

우선 내부와 외부 지출의 비중은 두 교회 유형 모두 대체로 7 대 3 정도로 유사하다. 이 수치만 보면 예산 배분의 절대적 비율은 교회의 부흥 여부를 판별하는 결정적인 요소는 아닌 것처럼 보인다. 그러나 더 주목해야 할 점은 코로나 이후의 변화 추이다.

부흥하는 교회는 코로나 이후 외부 지출을 확대하면서 변화에 능동적으로 적응했다. 반면에 쇠퇴하는 교회는 외부 지출에 거의 변화를 주지 않았다. 이러한 차이는 단지 예산의 크기와 상관없이 상황 변화에 얼마나 민첩하게 대응하고, 자금을 사역의 방향에 맞게 재배치할 수 있느냐의 문제로 해석할 수 있다. 교회가 위기의 시대를 맞이할 때 외부 사역을 줄이기보다 오히려 강화한 교회가 부흥을 경험한 것이다.

또 다른 중요한 지점은 인건비 지출의 변화다. 부흥하는 교회의 목회자 38.1%가 코로나 이전보다 인건비 비중이 늘었다고 답한 반면, 쇠퇴하는 교회는 21.3%에 그쳤다. 이는 부흥하는 교회가 재정적으로 더 건전하다는 것을 보여줄 뿐만 아니라, 더 많은 인력을 고용하거나 사역 역량을 확장할 여지가 있음을 의미한다. 인력 투자는 곧 사역 확장의 기초가 되며, 내부 교육과 외부 사역의 질을 높이는 데 기여할 수 있다.

2. 3040, 사역 프로그램, 다음세대

코로나 이전 대비 외부 예산 지출의 증가는 3040교인 수, 사역 프로그램 수, 다음세대 수가 늘어난 교회들에서 가장 큰 폭으로 올랐다. 부흥하는 교회의 경우 코로나 이전보다 외부 지출 예산 비율이 늘어났다는 응답이 48.1%인데, 이 중 3040교인 수가 증가한 교회는 61.3%, 사역 프로그램 수가 증가한 교회는 57.1%, 다음세대 수가 증가한 교회는 52.9%로 각각 나타났다. 이 세 유형의 교회는 교인 수 증가와의 상관관계가 가장 높고, 부흥하는 교회의 다른 특징들에서도 반복적으로 높은 응답 비율을 보였다.

이들 교회는 외부 지향적 사역에도 적극적으로 투자하며 내부의 성장 동력인 교인 수와 사역의 확대가 지역 사회와의 연결과 나눔을 중시하는 방향으로 자연스럽게 이어지고 있음을 암시한다. 부흥하는 교회일수록 복음의 확장과 사회적 책임의 실천이라는 본질적 사명에 충실하려는 경향이 강하다는 것이다.

3. 세상을 섬기는 작은 교회

작은 교회의 예산 지출 패턴을 살펴보면, 부흥하는 교회든 쇠퇴하는 교회든 공통적으로 내부 지출 비중이 높다는 점이 드러난다. 부흥하는 교회의 경우, 교인 수가 30명 미만 교회의 경우 내부 지출 비중이 76.3%로 가장 높은 수치를 보였는데, 이는 교회 규모가 작을수록 필수적인 운영 유지 비용의 비중이 커지며, 상대적으로 외부 사역에 쓰일 수 있는 여력이 줄어든다는 현실을 보여준다. 쇠퇴하는 교회 역시 비슷한 경향을 보인다. 이들 교회의 내부 지출 평균은 74.2%로 부흥하는 교회와 거의 동일하다. 이는 소형 교회일수록 외부 사역에 투자하는 데 한계가 있으며, 재정의 상당 부분이 교회 내부를 유지하는 데 집중된다는 사실을 시사한다.

이러한 재정 상황은 교회의 사역 방향성에도 영향을 미친다. 부흥하는 교회 중 30명 미만의 교회는 64.0%가 '우리 교회는 내부 사역에 집중한다'고 응답해 전체 평균(48.8%)보다 훨씬 높은 수치를 보였다. 쇠퇴하는 교회는 그보다 더 내부 지향적이다. 30명 미만의 쇠퇴하는 교회는 내부 지출 비중이 74.5%였는데, 이는 외부 활동과 이웃 섬김에 대한 여력 부족을 반영하는 결과일 수 있다.

그런 가운데 의미 있는 차이도 존재한다. 부흥하는 교회 중 50~100명 미만 교회는 57.7%가 코로나 이전보다 외부 지출이 증가했다고 응답해, 적극적인 외부 사역과 지역 사회 연계를 시도하고 있음을 보여준다. 또한 30명 미만의 부흥하는 교회는 외부 지출이 증가했다는 응답이 40.0%인데, 이는 500명 이상 쇠퇴하는 교회의 44.4%와 별 차이가 나지 않는 수준이다. 교회 규모에 따라서 외부 예산 지출의 여력이 크게 달라진다는 점을 고려하면 부흥하는 작은 교회들은 외부 지향적 교회 비전을 견지하고 있음을 보여준다. 반면에 쇠퇴하는 교회의 경우 외부 지출이 늘어났다는 응답은 평균 18.1%에 불과하며, 30명 미만 교회는 단 12.3%만이 외

코로나 이전 대비 외부 지출 예산이 '늘어났다' 비율 (%)

교회 규모	부흥하는 교회	쇠퇴하는 교회
30명 미만	40.0	12.3
30-50명 미만	36.4	22.7
50-100명 미만	57.7	21.9
100-500명 미만	53.5	15.0
500명 이상	53.3	44.4

*출처 : 목회데이터연구소, '교회 성장과 쇠퇴 관련 조사'(과거 5년간 교인 정체/증가 & 향후 5년간 교인 증가 예상하는 담임목사 160명, 성도 500명, 과거 5년간 교인 정체/감소 & 향후 5년간 교인 감소 예상하는 담임목사 160명, 성도 500명 총 1,320명, 온라인조사, 지앤컴리서치, 2025.03.26.~04.09.)

부 지출이 증가했다고 응답했다. 이는 외부 전도, 선교, 사회 봉사 등과 같은 외부 지향적 사역이 현저히 위축되어 있음을 말해준다.

결국, 작은 교회의 부흥 가능성은 단순한 재정 규모보다 그 지출 구조와 사용 방향에 달려 있다. 제한된 자원 안에서도 외부 사역과 지역 사회 연결에 적극적인 교회는 성장을 도모할 수 있지만, 그렇지 못한 교회는 점차 내향적으로 고립되며, 쇠퇴의 길을 걸을 가능성이 높다. 이는 작은 교회일수록 재정적 제약 안에서 전략적인 우선순위를 재조정할 필요가 있음을 시사한다.

핵심 과제

"문을 닫은 교회들의 20년간 연간 예산을 살펴보면 흥미로운 사실이 드러난다. 대부분의 경우 외부에 초점을 맞춘 사역과 프로그램에서 삭감이 이루어졌다. 이제 외부 지향적인 사역이 더 이상 교회의 필수적인 사역이 아니게 된다. 교회 밖을 섬기기 위한 예산이 사라진다. 교회 안만 섬겨도 충분하다고 생각한다."[7]

교회의 외부 지출 예산 증가는 단지 재정의 분배 문제를 넘어, 교회가 본질적으로 지닌 사명과 정체성을 어떻게 실현하느냐의 문제다. 성경은 끊임없이 교회가 세상을 향해 나아가고, 복음과 사랑의 실천을 통해 이웃을 섬기며, 하나님의 나라를 확장할 것을 명령한다. "너희는 가서 모든 민족을 제자로 삼아…"(마 28:19). 대위임령의 핵심은 일단 '가는 것'이다. 곧 교회가 밖을 향해 나아가는 선교적 방향성을 요구한다. 이 명령은 예산 배분이라는 구체적인 전략 안에서도 그대로 적용된다. 외부 지출은 곧 복음 전파, 지역 사회 섬김, 선교, 구제와 같은 예수님의 명령을 실행하는 재정적 통로이기 때문이다.

예수님은 "너희는 세상의 빛이라… 너희 빛이 사람 앞에 비치게 하여 그들로 너희 착한 행실을 보고 하늘에 계신 너희 아버지께 영광을 돌리게 하라"(마 5:14-16)고 하셨다. 이는 교회의 사역이 단지 내부적 신앙생활의 강화에 머물러서는 안 되며, 반드시 사회적 실천과 외부 지향적 사역으로 드러나야 함을 분명히 보여준다.

본 조사에서 드러나듯이, 부흥하는 교회일수록 외부 지출에 적극적이었고, 특히 코로나 이후 변화하는 상황에 민첩하게 대응하며 외부 사역을 확대하였다. 담장을 넘는 재정의 운용은 교회가 세상을 향해 복음을 실천하고, 사랑을 전하며, 예수 그리스도의 사명을 감당하는 구체적 표현이다. 외부 사역에 대한 적극성은 단지 리더십 차원에서만 나타나는 것이 아니다. 부흥하는 교회의 성도들 역시 교회가 외부 지향적이며 외부 지출을 확대하고 있다는 점에 동의하고 있는 것으로 나타났다. 목회자와 성도 간의 이러한 인식의 일치와 외부 사역에 대한 공동의 헌신은, 전도와 선교와 같은 교회의 공적 사명을 수행하는 데 있어 더 큰 시너지를 발휘하게 된다. 결국 목회자와 성도 모두가 함께 시선을 외부로 돌리고, 세상을 향한 복음의 통로를 넓혀갈 때, 교회는 정체가 아닌 성장의 길로 나아갈 수 있을 것이다.

PART 4

부흥하는 교회는
함께하는 공동체다

부흥하는 교회의 중요한 특징 중 하나는 목회자와 성도가 그리스도 안에서 '함께' 살아가는 공동체성에 있다. 이 공동체성은 단순한 관계 유지만이 아니라 소그룹의 활성화, 변화에 대한 건강한 수용, 그리고 공동체적 개혁 의지로 구체화된다.

먼저 소그룹 사역은 부흥하는 교회의 모세혈관과 같다. 신자 간의 교제와 돌봄, 신앙 성숙의 기반이 되는 소그룹은 부흥하는 교회에서 예외 없이 핵심 사역으로 작동하고 있으며, 교회 성장의 실제 동력으로 나타나고 있다. 다음으로 변화 수용도는 오늘날 교회가 복음을 시대적 맥락 속에서 어떻게 살아낼 것인가를 결정짓는 기준이 되고 있다. 마지막으로 개혁 의지는 공동체가 스스로를 성찰하고 능동적으로 변화하려는 결단을 의미한다. 이는 새로운 제도나 세대 간의 소통을 적극 수용하려는 태도로 나타나며, 변화 수용도와는 다른 차원의 능동적 지향성을 지닌다. 이제 부흥하는 교회가 어떻게 성도 간의 협력과 신뢰, 공동체적 실천을 통해 살아 움직이는 몸으로 존재하는지를 살펴보자.

12
소그룹 사역의 활성화

　신앙 소그룹의 활성화는 부흥하는 교회에서 거의 항상 나타나는 핵심 예측변수라 할 수 있다. 이번 조사에서도 신앙 소그룹이 활발하게 운영되는 교회에서 부흥의 지표들이 긍정적으로 나왔다. 신앙 소그룹이란 구역, 속회, 셀, 순, 다락방과 같은 신앙 성장을 위한 소그룹을 뜻하는 것으로 이후 '소그룹'으로 표기하겠다.

　부흥하는 교회는 목회자 기준으로 76.3%, 성도 기준으로 83.6%가 소그룹이 활발하다고 응답했다. 반면에 쇠퇴하는 교회는 목회자의 29.4%, 성도의 50.4%만이 소그룹이 활발하다고 답했다. 즉 소그룹이 존재하지 않거나 소그룹이 침체된 교회는 교인 수가 감소하는 경향이 뚜렷한 것이다. 이는 소그룹이 교회 내 신앙 공동체 유지와 새 신자 정착의 핵심적 매개로 작동함을 시사한다.

　그런데 여기서 소그룹 모임 활성화에 대한 목회자와 성도 간 인식 차가 발생한다. 이는 목회자와 성도의 평가 기준이 다르기 때문일 것으로 보인다. 목회자는 소그룹을 운영하는 데 필요한 체계, 리더십

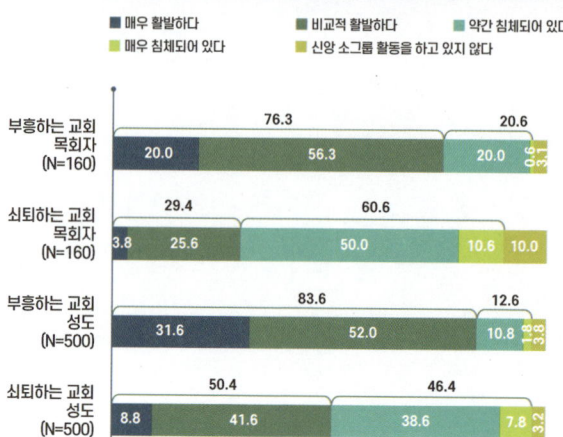

구조, 훈련과 교재, 참여율 등을 종합적으로 고려하며, 제도적 완성도를 기준으로 소그룹의 활발함을 판단하는 반면, 성도는 체계보다는 경험을 중심으로 소그룹의 활발함을 평가하게 된다. 즉 성도는 실제 소그룹 경험을 기준으로 소그룹이 활발하다고 평가한다면, 목회자는 소그룹이 제도적으로 제대로 갖추어져 있지 않으면 활발하지 않다고 판단하는 것이다.

핵심 인사이트

소그룹의 활성화는 단지 하나의 사역 프로그램을 넘어서, 교회의 유기적 성장과 부흥을 가능케 하는 핵심축이라 할 수 있다. 다양한 세부 데이터를 살펴보면 소그룹이 얼마나 교회 성장과 직결되는지 잘 알 수 있다.

1. 교회 규모가 클수록 소그룹이 잘 된다

데이터에 따르면 교회 규모가 클수록 소그룹 활성도는 자연히 높아진다. 부흥하는 교회 사례를 들면, 비록 사례 수가 적긴 하지만(15개 교회), 500명 이상 교회의 소그룹 활성화 응답률은 93.3%에 달한다. 반면에 30명 미만 교회는 64%로 낮은 수치를 보인다. 대형 교회는 주일예배만으로는 교인 간 유기적인 돌봄과 교제를 감당할 수 없기 때문에 자연스럽게 소그룹이라는 구조를 활용하게 된다. 이는 단순한 조직 운영 차원을 넘어 공동체성을 유지하려는 필연적 대응이라 할 수 있다.

2. 젊은 세대일수록 소그룹이 살아 있다

소그룹 활성화는 교인 구성과도 깊은 관련이 있다. 고령자 비율이 60% 이상인 교회의 경우 소그룹 활발 응답률은 28.6%에 머문 반면, 고령자 비율이 15% 미만인 교회는 무려 81.6%가 소그룹이 활발하다고 응답하였다. 특히 다음세대(청소년 이하)나 3040세대가 증가한 교회는 소그룹도 각각 85.7%, 88%의 비율로 활성화되어 있었다. 젊은 세대는 자발적인 모임과 교제, 나눔에 더 익숙하며, 이들의 참여는 자연스럽게 가족 단위, 사역 단위 소그룹의 동력을 제공하게 된다.

신앙 단계별 신앙 소그룹 모임 활성화 정도 (성도 대상) (%)

신앙 단계 구분	부흥하는 교회 사례수	부흥하는 교회 비율	쇠퇴하는 교회 사례수	쇠퇴하는 교회 비율
1단계	54	83.3	90	35.6
2단계	121	83.5	125	44.0
3단계	200	81.5	195	55.9
4단계	125	87.2	90	62.2

*출처 : 목회데이터연구소, '교회 성장과 쇠퇴 관련 조사'(과거 5년간 교인 정체/증가 & 향후 5년간 교인 증가 예상하는 교회 성도 500명, 과거 5년간 교인 정체/감소 & 향후 5년간 교인 감소 예상하는 교회 성도 500명 총 1,000명, 온라인조사, 지앤컴리서치, 2025.03.26.~04.09.)

3. 소그룹은 누구를 위한 것인가?

데이터에 의하면 부흥하는 교회의 성도들은 신앙 단계와 무관하게 출석 교회의 소그룹이 활발하다고 응답한 반면, 쇠퇴하는 교회의 성도들은 신앙 단계에 따라서 출석 교회의 소그룹 활성화에 대한 평가가 상이했다. 부흥하는 교회는 모든 단계에서 응답률이 고르게 높은 반면, 쇠퇴하는 교회는 신앙 단계가 높을수록 활발하다는 응답이 증가한다. 부흥하는 교회는 소그룹을 전 성도에게 열려 있는 신앙 공동체의 축으로 이해하고 설계하며, 초신자부터 사역자까지 모두가 함께 경험하고 소속감을 가질 수 있도록 배려하는 것으로 보인다. 그러나 쇠퇴하는 교회는 소그룹이 일부 신앙 성숙자들만을 위한 사역의 장(場)이 되어, 신앙 여정의 초기 단계에 있는 성도들은 참여하기 어렵고, 외부인이나 새신자는 접근하기 힘든 구조가 될 수 있다. 소그룹

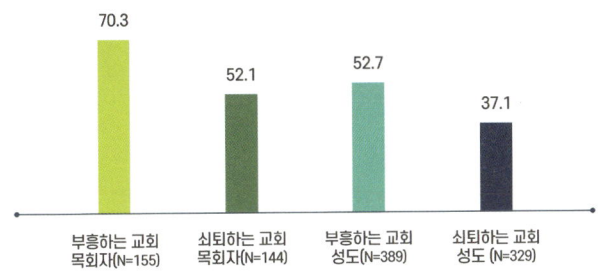

은 신앙 성장의 계단이어야 한다. 새신자가 첫 교제와 돌봄을 경험하는 신앙의 품이 되어야 한다.

4. 소그룹은 정기성과 다양성이 핵심이다

주 1회 이상 정기적으로 소그룹 모임을 갖고 있는 교회는 부흥할 가능성이 높다. 부흥하는 교회에서는 70.3%가 주 1회 이상 모임을 유지한 반면, 쇠퇴하는 교회는 52.1%에 불과했다. 이와 함께 신앙 단계가 낮은 교인일수록 소그룹 참여율도 낮게 나타나는데, 이는 소그룹이야말로 새신자 정착과 신앙 성숙에 필요한 장치임을 뜻한다. 또 사역 프로그램이 많은 교회일수록 소그룹도 더 활발하게 운영되고 있어, 소그룹과 프로그램 간에는 선순환 구조가 작동하고 있음이 확인된다.

5. 소그룹 참여도에 따라 활성화가 결정된다

소그룹 활성화 여부에 결정적 변수 중 하나가 성도들의 참여도이다. 목회자가 아무리 합리적인 소그룹 시스템을 구축해놓아도 성도들이 참여하지 않으면 허탈감에 빠지고 활성화되기가 어렵다. 데이터로도 증명되는데 부흥하는 교회 성도들은 소그룹 참여도가 80.9%인데 반해, 쇠퇴하는 교회 성도들은 68.0%로 상대적으로 저조하다. 쇠퇴하는 교회 분위기가 소그룹 활동에 상대적으로 열심이 적은 것이다.

데이터는 명확하다. 소그룹이 활성화된 교회는 부흥하고 있으며, 특히 젊은 세대, 다양한 프로그램, 높은 참여도가 핵심 동력으로 작용하고 있다. 규모가 작고 고령화된 교회라도 사람 중심의 네트워크를 유지하면 희망이 있다. 공부보다 나눔/돌봄, 프로그램보다 사람, 대형화보다 지속성! 이것이 오늘날 소그룹 사역의 재정의다.

핵심 과제

"저희 가정교회에 독특한 문화가 있는데, 예를 들어서 우리는 매번 목장에 참석하고 밥을 먹거든요. 간식이 아니라 밥을 직접 지어서 대접합니다. 요즘 같은 시대에 주중에 모여서 밥을 꼭 같이 먹고 늦은 시간까지 나눔을 하는 것이 과연 가능한가 의문을 갖는데, 사실 현대인들에게 대화 상대가 없고, 뭔가 고독과 외로움이 있는데, 목장(소그룹)에 가면 서로 반겨주잖아요."

부흥하는 교회는 성도 간의 교제와 나눔을 매우 중시하며, 말씀 중심의 소그룹을 통해 신앙생활의 깊이를 더하고 공동체 의식을 강화하고 있다. 소그룹은 교인들의 소속감을 높이고 신앙 공동체로서 끈끈한 관계망을 형성하는 데 기여할 수 있다. 부흥하는 교회의 소그룹은 교회의 생명력과 직결된다. 예배만으로는 충족되지 않는 교제와 돌봄, 말씀의 적용과 나눔이 소그룹을 통해서 경험되기 때문이다.

신약성경을 보면 초대교회는 성전과 함께 '집에서의 모임'을 병행하며 공동체를 세워나갔다. "날마다 마음을 같이하여 성전에 모이기를 힘쓰고 집에서 떡을 떼며 기쁨과 순전한 마음으로 음식을 먹고 하나님을 찬미하며…"(행 2:46-47). 이 말씀은 소그룹이 단순한 조직 운영이 아니라 성경적 신앙생활의 자연스러운 방식임을 보여준다. 공적 예배와는 다른, 삶의 자리에서의 만남과 나눔은 믿음을 뿌리내리게 하고 공동체성을 살찌운다. 소그룹은 교인 간 깊은 교제, 말씀 중심의 나눔, 기도와 돌봄을 실천하고, 신앙적 도전을 주는 공동체의 핵심 매개체다. 예수님은 제자들과 함께하시는 공동체를 통해 사역하셨고, 바울 역시 가정교회들을 중심으로 사역을 펼쳤다. 이는 규모보다 관계 중심과 삶의 접촉점이 교회의 본질적인 사역 방식임을 보여준다.

소그룹이 중요하다는 사실은 분명하지만, 작은 교회들은 소그룹 운영에 많은 부담을 느낀다. 교인이 적어 '그룹'을 만들기 어렵고, 사역 리더도 부족하며, 무엇보다 기존 관계가 너무 익숙해서 정형화된 모임이 어색하기 때문이다. 이런 교회들에게 필요한 전략은 프로그램형 소그룹이 아니라 관계형 소그룹이다. 기존 성경공부, 중보기도, 구역예배 등을 소그룹으로 재정의하고, 두세 사람 이상의 모임을 소그룹으로 간주하는 유연성이 필요하다. 가족 단위로 식사하고 기도하는 모임, SNS를 통한 교제, 가까운 이웃끼리의 모임은 규모가 작고 고령자가 많은 교회에 좀 더 어울리는 방식이다.

소그룹은 오늘날 한국 교회에 필요한 돌봄의 구조이자 전도의 접점이다. 이것이 성경적이고, 교회의 본질적 사명을 수행하는 실질적 도구라면, 모든 교회는 교회 규모나 환경에 상관없이 그에 맞는 소그룹을 세우는 노력을 기울여야 한다. 진심으로 신앙을 나누고, 함께 울고 웃는 작은 공동체야말로 교회를 다시 살리는 생명의 통로가 될 것이다.

13
교인들의 변화 수용도

오늘날 교회가 직면한 가장 본질적이고도 복합적인 과제 중 하나는 '변화'에 대한 태도이다. 변화는 단지 시대의 흐름을 따르기 위한 유연성이 아니라, 복음의 본질을 시대적 상황 속에서 생명력 있게 살아내는 방식과도 깊이 연결되어 있다. 교인들의 '변화 수용도'는 단순한 심리적 개방성을 넘어서, 교회의 생존과 부흥을 가늠하는 척도가 되고 있다.

응답자들에게 출석(시무) 교회가 시대의 변화에 따르는 것과 전통을 유지하는 것 가운데 어디에 더 가까운지를 물었다. 부흥하는 교회와 쇠퇴하는 교회를 구분할 때, 교인들과 목회자들이 변화에 대해 얼마나 긍정적으로 반응하고, 그에 따라 실제 사역과 공동체 구조를 조정하고 있는지가 주요 분기점이 되고 있음을 보여준다.

가장 먼저 주목할 수 있는 결과는 부흥하는 교회일수록 목회자와 교인 모두 변화 수용도가 뚜렷하게 높다는 점이다. 목회자 응답 결과에 따르면, 부흥하는 교회 목회자의 82.5%가 '시대 변화에 적극적

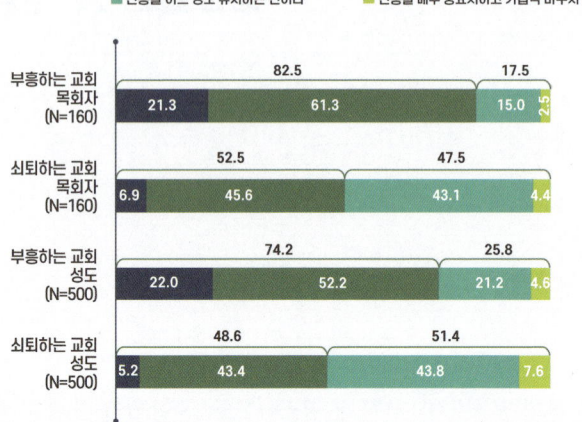

으로, 혹은 어느 정도 따른다'고 응답했으며, 이에 반해 쇠퇴하는 교회 목회자 중 같은 응답을 한 비율은 52.5%에 그쳤다.

성도들의 응답에서도 이와 매우 유사한 양상이 반복되었다. 부흥하는 교회의 성도 중 변화 수용 태도는 74.2%였던 반면, 쇠퇴하는 교회 성도는 48.6%로 전통 중시 태도(51.4%)보다 낮았다. 즉 부흥하는 교회일수록 성도와 목회자 모두 변화에 대해 더 개방적이고 적극적으로 반응하고 있다는 사실이 수치로 입증되었다. 따라서 변화에 대한 수용성은 교회의 부흥과 매우 높은 상관성을 지니는 것으로 나타난다. 이는 시대의 변화에 직면하여 목회자와 성도가 함께 고민하는 가운데 교회의 새로운 방향을 찾아간다는 측면에서 교회의 부흥에 긍정적인 영향을 줄 것이다.

핵심 인사이트

단순한 전체 평균의 차이를 넘어서, 변화 수용도가 높은 교회와 낮은 교회 간의 교차 분석을 해보면 교회의 부흥과 쇠퇴를 가르는 구조적 요인을 더 분명히 파악할 수 있다.

1. 변화의 수용은 미래를 위한 선택이다

먼저 다음세대 수와 변화 수용도는 밀접한 관계를 보인다. 부흥하는 교회 중 다음세대(어린이/청소년)의 수가 증가하고 있는 교회 목회자의 변화 지향 응답률은 85.7%에 달했으며, 반대로 다음세대가 감소하고 있는 교회에서는 75%로 줄어들었다. 이는 교회가 변화에 열려 있을수록 다음세대와의 접점을 더 효과적으로 만들어내고 있음을 보여준다.

2. 소그룹 사역은 교회 변화의 출발점이다

또한 소그룹 사역의 활성화 여부도 중요한 변수로 나타났다. 소그룹이 활발한 교회는 변화 수용 응답이 무려 86.9%에 달한 반면, 소그룹이 침체된 교회에서는 66.7%로 낮았다. 이는 고령자 중심이거나 수동적인 예배 중심 교회보다는 참여와 상호작용 중심의 공동체 구조를 가진 교회가 변화에 민감하게 반응하고 있음을 시사한다.

3. 변화의 수용은 사역의 다양성과 확장으로 이어진다

더불어 주목할 요소는 사역 프로그램의 다양성과 증가 여부이다. 부흥하는 교회 중 사역 프로그램 수가 증가한 교회의 경우 변화 수용 응답률은 85.7%였고, 반대로 사역 프로그램이 감소한 교회는 73.3%로 낮아졌다. 성도의 응답에서도 같은 경향이 반복되는데, 사역 프로그램이 증가한 교회의 성도 중 변화 수용 응답률은 82.8%였던 반면, 감소한 교회에서는 60.4%에 불과했다. 이는 사역 프로그램의 다양성과 증가가 단순히 수적 확장의 문제가 아니라, 교회 전체의 문화적 유연성과 개방성을 반영하는 지표임을 시사한다. 즉 변화 수용도가 높을수록 새로운 시도에 열려 있으며, 이는 구체적인 사역 기획과 실천에서 현실화되고 있다는 것이다.

4. 지역과 연령

교회 규모와 지역 크기 역시 영향력 있는 변수였다. 대도시 중소형 교회에서는 변화 수용 응답률이 89.8%로 가장 높았으며, 반면에 읍면 단위 교회에서는 71.4%로 상대적으로 낮았다. 이는 대도시일수록 문화적 변화 속도가 빠르며, 다양한 세대와 계층을 품기 위해 유연한 교회 운영이 필요하다는 점을 반영한다.

마지막으로 고령자 비율이 높을수록 변화 수용도는 확연히 낮아진다. 부흥하는 교회의 경우 고령자 비율이 15% 미만인 교회에서는 변화 수용도가 87.8%였던 반면, 고령자 비율이 60% 이상인 교회에서는 57.1%에 그쳤다. 쇠퇴하는 교회는 이보다 더 뚜렷한 차이를 보인다. 고령자 비율이 60% 이상인 교회의 경우 변화 수용도는 40%

에 불과하며, 이들은 변화보다는 전통 유지에 강한 성향을 보인다. 이는 단순히 연령적 특성만의 문제가 아니라, 세대 구성의 불균형이 교회 내부의 문화적 경직성을 강화하고 있음을 의미한다. 결국 변화 수용도를 높이기 위해서는 교회 내에 다양한 세대가 공존하도록 유도하고, 고령층도 변화에 참여할 수 있는 방식으로 사역을 설계해야 한다.

5. 신앙 단계에 따른 변화 수용도

한 가지 흥미로운 지점은 신앙 단계에 따른 변화의 수용도 차이이다. 신앙 초보자라 할 수 있는 1단계 성도 가운데 변화를 중시한다는 응답 비율은 87.0%나 되는데, 가장 성숙한 4단계에서는 변화를 중시한다는 응답이 66.4%에 머물렀다. 신앙 단계가 높아짐에 따라 변화에 대한 수용도가 낮아지는 양상이다. 거꾸로 신앙 단계가 높을수록 전통을 중시한다는 응답률이 높아진다. 이는 중요한 시사점을 준다. 교회의 변화 수용이 신앙 단계가 낮은 이들을 포용하며, 그들이 교회에 더욱 적극적으로 참여하기 위해서 매우 필요하다는 것을 알 수 있다. 이를 위해서는 신앙 단계가 높은 그룹, 즉 연령이 높은 교회의 리더십 그룹의 변화를 수용하는 인식 변화가 선결 조건이 되어야 한다.

어쩌면 신앙 단계가 낮은 이들은 교회의 전반적인 분위기와 문화에 이질감을 느낄 수도 있다. 교회에서 제공하는 사역 프로그램이 그들에게 잘 안 맞을 수 있다. 너무 신앙 수준이 높은 이들에게 익숙하고 관행화된 교회 분위기가 신앙 초보자들의 영적 필요를 간과하고 있

교회의 시대 변화 수용 태도(부흥하는 교회 성도 500명) (%)

신앙 단계	사례수(명)	변화 중시	전통 중시
1단계	54	87.0	13.0
2단계	121	77.7	22.3
3단계	200	73.5	26.5
4단계	125	66.4	33.6

*출처 : 목회데이터연구소, '교회 성장과 쇠퇴 관련 조사'(과거 5년간 교인 정체/증가 & 향후 5년간 교인 증가 예상하는 교회 성도 500명, 과거 5년간 교인 정체/감소 & 향후 5년간 교인 감소 예상하는 교회 성도 500명 총 1,000명, 온라인조사, 지앤컴리서치, 2025.03.26.~04.09.)

는 것은 아닌지 성찰할 필요가 있다.

변화 수용도가 높다는 것은 목회자와 성도가 새로운 문화, 새로운 환경 새로운 필요를 민감하게 읽고, 사역과 조직을 유연하게 바꿀 수 있다는 것을 의미한다. 이런 교회는 시대에 뒤처지지 않고, 다음세대와 지역 사회에 신선한 매력으로 다가갈 수 있어 자연스럽게 교인 수가 늘고 부흥이 지속된다. 반면에 변화에 저항하거나 전통만을 고수하는 교회는 새로운 세대와 지역 사회의 요구에 적응하지 못해 교인 이탈과 침체를 경험하게 될 것이다.

핵심 과제

"전통이 강한 교회는 피아노 위치를 조금 옮기는 것도 어려워요. 전통에 너무 매이면 교회가 둔해져요. 하나님이 하시는 일이라면 시대에 맞게 옷을

갈아입을 수도 있다고 생각해요. 다음세대로 이어지는 교회가 되어야 하니까요."

"충분한 설명을 하니까, 동기 부여를 시켜주니까 모두 적극적으로 수용해요."

교인들의 변화 수용도가 중요하다는 것은 교회가 단순히 외적 조건이나 프로그램만 바꾼다고 해서 부흥으로 이어지지 않음을 분명히 보여준다. 근본적으로는 교회 구성원 전체가 하나님 앞에서 자신을 새롭게 하고, 시대적 흐름 속에서도 복음의 본질을 유연하게 적용하려는 영적 개방성과 공동체적 전환 의지를 가져야 한다는 점이 강조되어야 한다. 톰 레이너는 쇠퇴하는 교회들의 주된 특징이 변화를 거부하는 것이라고 진단했다. "그 교회들은 과거를 붙잡고 싸웠다. 좋았던 옛날, 늘 해오던 방식, 오늘도 계속되기를 바라는 방식을 고수하며 싸웠다."[8]

목회자의 역할은 교인들에게 변화의 필요성을 설득시키는 것이다. 목회자는 교인들의 변화 수용을 이끌기 위해, 먼저 하나님의 일하심을 시대 속에서 분별하고 변화의 방향을 영적으로 제시해야 하며, 그 변화의 의미와 목적을 충분히 설명하고 공감으로 설득하는 소통자로서의 역할을 감당해야 한다. 그렇지만 이 모든 변화에 앞서는 조건은 목회자 자신이 변화에 적극적인 수용적 태도를 지녀야 한다는 것이다.

성경은 하나님께서 새로운 일을 행하시는 분(사 43:19)이라고 묘사하며, 그리스도의 복음은 우리를 '새로운 피조물'로 변화시키는 능력

(고후 5:17)임을 선포한다. 또한 로마서 12장 2절은 "이 세대를 본받지 말고 오직 마음을 새롭게 함으로 변화를 받으라"고 말씀한다. 변화는 단순한 현대화가 아니라, 새로운 시대 속에서 복음의 본질을 창조적으로 살아내는 응답이며, 이는 교회와 성도가 끊임없이 배워야 할 제자도의 한 부분임을 명심하자.

14
교인들의 개혁 의지

　개혁 의지는 새로운 시도나 제도 개선, 세대 간 소통을 적극 수용하는 태도를 의미한다. 교회 부흥과 관련하여 변화 수용도와 개혁 의지는 서로 밀접하게 연결되어 있으면서도 구분된다. 변화 수용도는 외부 변화나 새로운 시도에 대해 교인들이 심리적으로 열려 있는지를 보여주는 수동적 정서적 태도라면, '개혁 의지'는 교회가 스스로 내부의 한계와 문제를 인식하고 능동적으로 변화를 추구하려는 주체적인 결단을 의미한다. 변화 수용도가 높을수록 개혁이 실행될 기반이 잘 마련되어 있다고 볼 수 있고, 개혁 의지가 강할수록 교회는 복음적 본질을 지키면서도 시대에 맞는 사역과 문화를 창의적으로 형성하게 된다.

　부흥하는 교회일수록 교인들의 개혁 의지가 높게 나타난다. 본 조사에 따르면 부흥하는 교회는 목회자 기준 71.3%, 성도 기준 64.2%로, 10곳 중 약 7곳은 교인의 개혁 의지가 있는 것으로 나타났다(목회자의 경우 시무교회 교인들의 개혁 의지, 성도의 경우 출석교회 교인들의 개혁 의

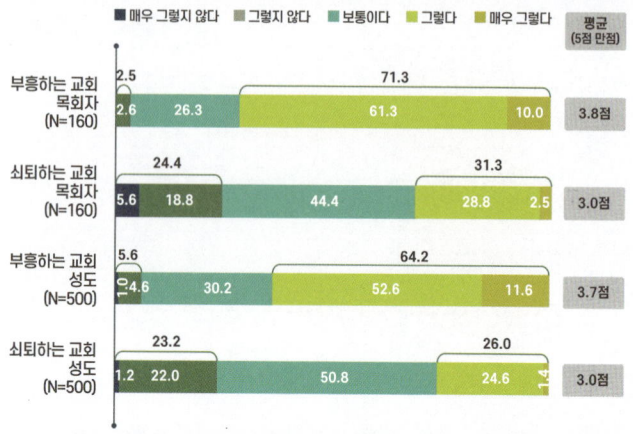

*출처: 목회데이터연구소, '교회 성장과 쇠퇴 관련 조사'(과거 5년간 교인 정체/증가 & 향후 5년간 교인 증가 예상하는 담임목사 160명, 성도 500명, 과거 5년간 교인 정체/감소 & 향후 5년간 교인 감소 예상하는 담임목사 160명, 성도 500명 총 1,320명, 온라인조사, 지앤컴리서치, 2025.03.26.~04.09.)

지로 각각 질문하였음). 특히 교회 규모가 클수록, 다음세대와 3040세대 교인이 많을수록, 교회 프로그램 수가 증가할수록 개혁 의지 역시 높게 나타난다. 이는 교회가 성장할수록 구조적 문화적으로 변화에 대한 수용성과 실행력이 강화된다는 것을 보여준다.

반면에 쇠퇴하는 교회에서는 개혁 의지가 크게 낮았다. 쇠퇴하는 교회의 경우, 목회자 31.3%, 성도 26.0%만이 개혁 의지가 있다고 각각 응답하였다. 고령 교인 비율이 높을수록 개혁에 대한 저항이 커지며, 목회자가 젊을수록 오히려 교인들의 개혁 의지에 대한 회의적인 평가가 많았다. 이는 연령층 간 인식 차이와 세대교체의 어려움이 복합적으로 작용하고 있음을 시사한다.

교인의 개혁 의지는 부흥하는 교회와 쇠퇴하는 교회를 구분 짓는 핵심적인 요소가 된다. 변화에 열려 있는 교회는 젊은 세대의 참여를 유도하고, 사회 변화에 민감하게 대응하며, 프로그램 다양성을 갖출 가능성이 크다. 이러한 요소들은 자연스럽게 교회의 부흥으로 이어지게 된다. 따라서 교회의 부흥은 단지 변화에 적응하는 것에 그치지 않고, 하나님의 뜻에 따라 공동체 스스로 지속적으로 갱신하려는 신앙적 의지와 실천 속에서 더욱 분명하게 나타난다.

핵심 인사이트

교인의 개혁 의지가 교회 특징에 따라 어떻게 달라지는지 살펴보자.

1. 교인의 연령과 개혁 의지

부흥하는 교회 목회자 응답 기준으로 볼 때, 개혁 의지가 가장 높게 나온 교회는 고령자 비율이 15% 미만으로 나온 교회들이다(83.7%). 다른 특징에서도 계속 높은 응답률이 나온 3040교인 수와 다음세대 수가 늘어난 교회의 교인들이 80.0%의 개혁 의지를 보인 것과 연관해서 추론하면 교인들의 연령이 개혁 의지에 중요한 변수로 작용한다고 할 수 있다. 부흥하는 교회 성도 중 30대와 40대 교인들의 개혁 의지 비율은 각각 67.7%, 68.1%로 가장 높게 나타났다. 반면에 쇠퇴하는 교회에서는 개혁 의지가 전 연령대에서 20%대에 머물러 두 그룹 간에 큰 격차를 보였다.

교회 유형별 교인의 개혁 의지 (부흥하는 교회 목회자 160명) (%)

부흥하는 교회 유형	개혁 의지 비율
개혁 의지 전체 평균	71.3
고령자 비율 15% 미만	83.7
사역 프로그램 수 증가	82.9
3040교인 수 증가	80.0
다음세대 수 증가	80.0
소그룹 활동 활발	77.0
교육 부서 있음	73.8

*출처: 목회데이터연구소, '교회 성장과 쇠퇴 관련 조사'(과거 5년간 교인 정체/증가 & 향후 5년간 교인 증가 예상하는 담임목사 160명, 성도 500명, 과거 5년간 교인 정체/감소 & 향후 5년간 교인 감소 예상하는 담임목사 160명, 성도 500명 총 1,320명, 온라인조사, 지앤컴리서치, 2025.03.26.~04.09.)

2. 소그룹과 교육 부서의 존재

소그룹의 활성화와 교육 부서의 존재는 개혁 의지를 촉진한다. 목회자 응답 기준으로 부흥하는 교회 중 소그룹 활동이 활발한 교회의 교인들은 개혁 의지 비율이 77.0%에 달했다. 반면에 쇠퇴하는 교회 기준으로 소그룹이 없거나 침체된 교회의 경우에는 20~30% 수준에 그쳤다. 또한 교육 부서가 있는 교회들에서도 개혁 의지가 평균보다 높았다. 이는 교회 내부에서 성도의 교제가 살아 있고, 세대 간 소통과 신앙 훈련이 원활하게 이루어질수록 교인들도 자연스럽게 개혁에 대한 긍정적인 태도를 갖게 됨을 보여준다.

3. 교회 규모와 개혁 의지

교회 규모는 개혁 의지에 직접적인 영향을 준다. 대형 교회일수록 개혁 의지 수준이 높게 나타난다. 출석교인이 1,000명 이상인 교회의 경우, 성도 기준으로 76.2%가 개혁 의지가 있다고 응답하였다. 반면에 50명 미만의 소형 교회의 경우 52.8%로 낮은 수치를 보였다. 이는 규모가 클수록 조직적인 역량과 리더십 구조, 다양한 인적 자원 등이 풍부하여 변화를 실행하기 쉬운 여건이 조성되어 있음을 보여준다.

작은 교회라고 할지라도, 개혁 의지가 있는 교회는 다음세대 사역, 소그룹 조직, 교육 부서 유지 등 핵심 기능을 갖추고 있어 활력을 유지하고 있었다. 작은 교회일수록 구조적 자원이 적기 때문에 교인들의 개혁 의지가 곧 변화의 촉진제이자 유일한 동력이 될 수 있다.

4. 목회자의 개혁 의지

목회자의 개혁 의지도 교회 부흥과 연관된다. 부흥하는 교회의 목회자 중 81.3%(5점 만점 평균 3.9점)가 본인이 개혁 의지를 갖고 있다고 응답하였다. 그러나 쇠퇴하는 교회 목회자 중에서도 57.5%(5점 만점 평균 3.6점)는 개혁 의지가 있다고 응답했다. 하지만 실제 성도들의 인식은 훨씬 낮게 나타났다. 성도들은 목회자의 개혁 의지를 프로그램 개발과 사역 실행 등 가시적 변화로 인식하는 경향이 강하다. 따라서 목회자가 개혁 의지를 갖고 있다면, 그것을 구체적인 사역과 문화의 변화로 나타내는 것이 필요하다.

더 나아가 교회의 부흥은 목회자의 비전과 교인들의 개혁 수용성이 함께 작동할 때 가능하다. 종교 개혁자들은 "교회는 항상 개혁되

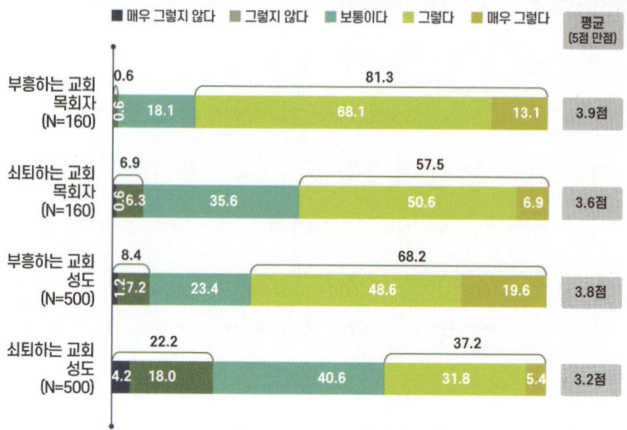

어야 한다"(Ecclesia semper reformanda est)고 말하였다. 이는 교회가 과거의 성공에 안주하지 않고, 시대와 사명을 따라 늘 새롭게 변화해야 한다는 신학적 선언이다. 오늘날 한국 교회의 현실 속에서 진정한 부흥을 이루기 위해서는 목회자의 결단뿐 아니라, 교인 전체가 '개혁을 위한 공동체의 연대'를 이루는 것이 필요하다. 이상의 분석은 자료에 근거한 실증적 평가이며, 개혁 의지를 신앙 공동체의 중심 가치로 삼을 때 교회는 생명력과 방향성을 함께 갖게 된다는 점을 말해준다.

핵심 과제

"'문화의 옷은 얼마든지 바꿀 수 있다, 성경만 빼놓고는 다 바꿀 수 있다'고 성도들에게 말해요."

변화는 개혁을 수반해야 한다. 그리고 그 개혁은 성경적이며 하나님의 뜻을 분별하려는 방향이어야 한다. 목회자는 개혁이 복음의 본질을 위한 것인지, 교인들의 습관에 관한 것인지를 분명하게 제시해야 한다. 그래야 교인들도 개혁의 의지를 공유하게 될 것이다. 교인들의 개혁 의지는 단순한 프로그램 개선이나 방식의 현대화가 아니라 신앙 공동체의 생명력을 되살리고 하나님의 뜻에 응답하려는 영적 태도이다. 교회의 부흥은 성령의 역사와 더불어 목회자와 교인 모두가 끊임없이 스스로 성찰하고 변화하려는 신앙적 긴장감을 유지할 때 이루어진다.

예수님은 마태복음 9장 17절에서 "새 포도주는 새 부대에 넣어야 한다"고 말씀하셨다. 이는 단지 형식의 변화를 지시한 것이 아니라 복음의 생명력이 새로운 시대와 공동체 안에서 효과적으로 전달되기 위해서는 외형적 그릇도 새로워져야 함을 가르치신 말씀이다. 교회의 부흥은 단지 외형적 성장이나 일시적 활력의 문제가 아니다. 그것은 공동체 전체가 하나님의 뜻 앞에서 끊임없이 자기를 성찰하고, 시대적 요청에 응답하며 변화하려는 영적 태도에서 비롯된다. 이러한 변화의 중심에는 언제나 목회자가 있다. 목회자는 교회를 하나님의 뜻 안에서 개혁하는 영적 리더이자 조직의 변화를 설계하고 조율하는 전략가의 역할을 동시에 감당해야 한다.

　목회자는 또한 개혁 성향이 강한 교회의 허리(중간)세대의 실천력을 동력으로 삼고, 이들을 교회의 전환을 위한 핵심 리더로 세우며, 세대 간 소통의 교두보 역할을 하게 해야 한다(허리세대가 없다면 목회자는 최우선 과제로 교회 내 허리세대를 강화시키는 전략을 세워야 할 것이다). 모든 교회에 동일한 방식의 개혁은 존재하지 않는다. 중요한 것은 개혁의 선언이 아니라 그 개혁을 왜, 어떻게, 누구와 함께, 어디서부터 시작할 것인가에 대한 깊이 있는 전략이다.

PART 5

쇠퇴하는 교회는 왜 죽어가는가?

쇠퇴하는 교회는 나름마다 이유가 있을 것이다. 본 조사에서는 부흥하는 교회와 쇠퇴하는 교회의 목회자/성도에 대한 설문 조사(정량조사)와 더불어 선별된 목회자들을 대상으로 하는 심층 인터뷰(In-depth interview, 정성조사)도 실시했다. 부흥하는 교회와 쇠퇴하는 교회를 변별하는 대표적 특징을 밝혀내기 위해 교인 수 증감과 통계적 상관계수가 높은 14가지 요인을 제시하여 부흥하는 교회의 특징을 보여주는 동시에, 그와 대조되는 쇠퇴하는 교회의 상반된 모습도 다뤘다. 여기서는 쇠퇴하는 교회 목회자들과의 심층 인터뷰를 통해서 도출된 특징 8가지를 중심으로 쇠퇴하는 교회에 대한 진단을 하고자 한다. 정성조사(심층 인터뷰)에서 도출된 쇠퇴하는 교회의 증상들을 정량조사의 데이터를 통해서 더욱 상세한 진단과 의미 탐색을 할 것이다.

15
책임 전가

정량조사 결과에 따르면 쇠퇴하는 교회의 목회자와 성도들은 교회의 쇠퇴 원인을 내부보다는 외부 환경에서 찾는 경향이 강하게 나타났다. 이는 단순한 인식의 차이를 넘어서 실제로 책임 회피 또는 구조적 변화의 수용 부족이라는 심층적 문제를 반영하는 지표라 할 수 있다. 사역 참여 문화가 부흥하는 교회를 대표한다면 쇠퇴하는 교회에는 책임 전가 문화가 강하다.

남 탓하는 교회

정성조사(심층 인터뷰) 결과 쇠퇴하는 교회의 목회자들은 사회 전반의 세속화, 변화된 가치관, 코로나 이후 종교생활 패턴의 변화, 과거 목회자의 문제 등을 들며 교회 성장의 한계를 설명한다. 이들은 오늘날의 성도들이 주일성수를 가볍게 여기고, 가정과 여가를 우선시하는 문화 속에서 교회에 몰입하기 어렵다고 본다. 또한 교회의 부정적 이미지나 물리적 시설의 열악함을 교회 쇠퇴의 이유로 삼기도 한다.

이러한 인식은 교회 쇠퇴의 본질적인 원인을 내부 구조와 공동체의 영적 상태에서 찾기보다는 '나와 무관한 외부 탓'으로 돌리는 자기방어적 태도를 강화한다. 그 결과 현재 상황에 대한 깊은 분석이나 회복을 위한 주체적 시도는 부족하고, 어쩔 수 없다는 체념의 정서가 교회 전체에 퍼져 있다. 이는 목회자의 리더십 저하뿐만 아니라 성도들의 책임감 결여로도 이어진다.

① 좋지 않은 교회 이미지

쇠퇴하는 교회의 목회자는 교회의 실추된 이미지가 목회를 방해하고, 교회의 불리한 물리적 환경이 목회를 방해한다고 생각하는 경향이 있다.

"지금 교회가 너무 욕을 많이 먹다 보니 제가 오히려 죄송하다고 사과를 하는 경우가 있죠."

"교회가 지하라 불편하다는 인식도 확실히 있어요. 여름만 되면 습해서 꺼려 해요. 그리고 노후화된 상가라 젊은이들 유입도 잘 안 됩니다."

② 세속화된 세상 문화

주 5일 근무제, 세속적인 문화, 코로나 팬데믹을 지내며 주일성수에 대한 인식 변화, 가정을 중시하는 분위기 등 변해가는 사회 문화와 제도, 시대적 가치의 변화가 교회 성장을 방해한다는 인식이 높다.

"주 5일 근무제가 큰 영향이 있다고 봅니다. 교인들이 가정을 중시해서 주말에 여행을 많이 다니고, 중직자들도 주일에 빠지는 경우가 많아요."

"지금은 교회가 아니어도 좋은 것이 얼마든지 있지 않습니까? 전반적으로 기독교인이 줄어들고 있잖아요. 제가 보기에 세속화의 영향이 가장 크지 않을까 싶어요."

③ 성도 탓 목사 탓

상황을 정확히 파악하고 타개하려는 노력보다는 문제를 일으킨 이전 목사님, 성도들의 낮은 신앙 수준 등을 탓하며 현재를 한탄하는 분위기가 대부분이다.

"이전 목사님에게 문제가 있었어요. 그것을 잘 수습하지 않아 갈등이 일어나니까 분위기가 계속 좋지 않아요."

"성도들의 신앙 수준을 상중하로 나눌 때 '하'에 속해요. 편안하게 있으려 하고, 굳이 주일예배를 드려야 하나 하는 생각까지 해요."

데이터로 보는 책임 전가

교회에서 발생하는 현황의 원인을 밖에서 찾는 것이 책임 전가다. 교회의 시설이나 주변 환경, 혹은 더 큰 세상의 변화, 트렌드에 원인이 있다고 여긴다. 결국 목회자 자신에게는 해법이 없어 보인다. 정량조사에서는 부흥하는 교회와 쇠퇴하는 교회에 각각 교인 수가 증가하

교인 감소 예측 이유 (1+2순위 기준)

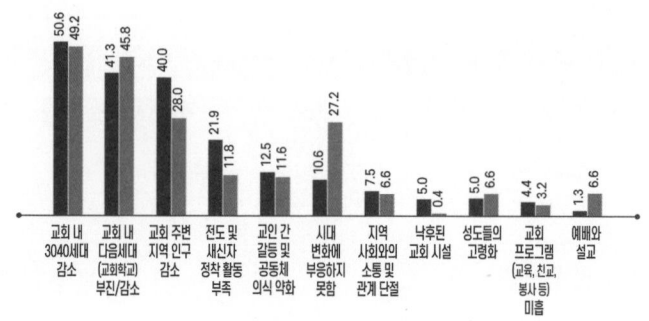

*출처 : 목회데이터연구소, '교회 성장과 쇠퇴 관련 조사'(과거 5년간 교인 정체/증가 & 향후 5년간 교인 증가 예상하는 담임목사 160명, 성도 500명, 과거 5년간 교인 정체/감소 & 향후 5년간 교인 감소 예상하는 담임목사 160명, 성도 500명 총 1,320명, 온라인조사, 지앤컴리서치, 2025.03.26.~04.09.)

는 이유와 감소하는 이유를 물었다.

예를 들어 쇠퇴하는 교회 목회자는 향후 교인 감소 예상 이유를 묻는 질문에 '교회 내 3040세대 감소'를 50.6%로 가장 높게 지적했으며, 이어서 '다음세대 부진/감소' 41.3%, '교회 주변 지역 인구 감소' 40.0%, '전도 및 새신자 정착 활동 부족' 등의 순으로 응답했다(1+2순위 기준). 교회의 허리세대인 3040세대와 그들의 자녀인 다음세대의 부진이 가장 큰 감소 원인으로 지목되었다.

3040세대와 다음세대는 앞서 교회 부흥의 중요 요인으로 지목되었다. 그렇다면 3040세대와 다음세대를 위한 사역의 방향과 전략이 중요해진다. 그러나 쇠퇴하는 교회 목회자들은 3040세대와 다음세대가 감소한다는 결과를 교회 쇠퇴의 원인으로 지목하고 있다. 이들

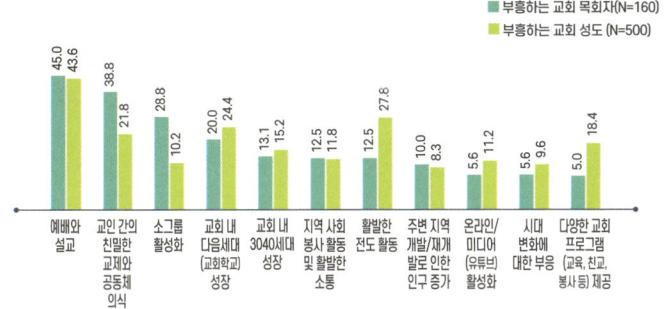

의 감소는 더욱 근본적인 사역과 영성의 문제일 수 있는데도 말이다. 성도도 마찬가지로, '3040세대 감소' 49.2%, '교회학교 부진/감소' 45.8%, '교회 주변 지역 인구 감소' 28.0% 순으로 응답했다.

이러한 문제 인식은 부흥하는 교회와 차이를 빚는다. 부흥하는 교회 목회자는 교인 성장을 예측한 이유로 '예배와 설교'를 45.0%로 가장 높게 응답했으며, 다음으로 '교인 간의 친밀한 교제와 공동체 의식' 38.8%, '소그룹 활성화' 28.8%, '교회 내 다음세대(교회학교 성장)' 20.0% 등의 순으로 응답했다(1+2순위 기준). 성도는 '예배와 설교'를 43.6%로 가장 높게 꼽았으며, 다음으로 '활발한 전도 활동' 27.8%, '교회 내 다음세대(교회학교 성장)' 24.4%, '교인 간의 친밀한 교제와 공동체 의식' 21.8%, '다양한 교회 프로그램(교육, 친교, 봉사 등) 제공' 18.4% 등의 순으로 응답했다. 특히 교회 규모가 커질수록 '다양한 교회 프로그램'을 꼽은 비율도 높아지는 경향을 보였다.

이와 같은 차이는 단순한 응답 경향의 차원을 넘어서 교회가 위기를 인식하고 대응하는 태도 자체의 본질적 차이를 드러낸다. 부흥하는 교회는 상황의 책임과 해결책을 자신 안에서, 곧 예배의 본질, 공동체의 회복, 다음세대 교육, 소그룹 활성화 같은 내적인 사역과 영적 기초에서 찾는다. 반면에 쇠퇴하는 교회는 교인의 감소나 세대의 이탈, 지역 인구 구조 변화 등 자신 밖의 조건을 주된 원인으로 지목함으로써 결국 내부 갱신의 동력을 상실하게 된다.

이는 위기의 원인을 어디에 두느냐에 따라 그 교회가 앞으로도 변화할 수 있을지, 아니면 더 깊은 침체로 빠질지를 가늠하는 중요한 분기점이 된다. 위기를 내부의 사역과 영성의 문제로 인식하는 교회는 회복의 실마리를 붙들 수 있다. 그러나 외부 요인 탓만 반복하는 교회는 책임도 외부에 떠넘기고, 변화의 주체로서 자신을 포기하게 되는 위험에 빠지게 된다.

교회의 영적 자가 진단과 성찰이 요청된다

결국 진정한 부흥의 시작은 교회 스스로 영적 자가 진단을 감당할 수 있느냐에 달려 있다. 쇠퇴하는 교회가 회복의 길로 나아가기 위해서는 환경에 대한 불평보다 내부 진단과 전략적 전환의 용기가 필요하다. 탓하는 교회는 변하지 않고, 반성하고 움직이는 교회가 변화한다는 통찰은 오늘의 한국 교회에도 여전히 유효하다.

16
교회 내 갈등과 대립

쇠퇴하는 교회의 중심에는 소통과 갈등의 위기가 있다. 쇠퇴하는 교회가 부흥하지 못하는 가장 중요한 원인 중 하나는 외적 환경의 변화 때문이 아니라 교회 내부에서 벌어지는 소통의 단절과 갈등 관리 역량의 부재에 기인한다. 이러한 내적 문제는 정량조사와 정성조사 결과를 통해 구체적인 양상으로 드러난다.

봉합되지 않는 갈등과 대립

교회는 죄인 된 인간들이 모여서 이루는 공동체이기 때문에 갈등이 전혀 없을 수는 없다. 문제는 갈등이 생겼을 때 이를 어떻게 지혜롭게 조율하고 회복하느냐에 있다. 갈등 자체보다 더 심각한 문제는 갈등이 풀리지 않은 채 장기화되고 고착화되는 것이다. 쇠퇴하는 교회에서는 이러한 미해결의 갈등이 목회자와 성도, 성도 상호 간의 신뢰를 무너뜨리며 교회의 역동성과 생명력을 앗아간다.

① 목회자와 성도 간의 갈등 심화

쇠퇴하는 교회에서는 목회자의 사역 방식이나 의사소통의 부족으로 인해 성도들과 갈등이 발생하며, 이 갈등을 효과적으로 봉합하지 못해 지속되는 경우가 많다. 이러한 상황은 성도들의 이탈을 초래하고, 목회자에 대한 신뢰를 근본적으로 흔들어놓는다.

"이전 목사님께서 불도저 같은 스타일이셔서 성도님들과의 소통 능력이 약했어요. 그런 스타일을 어려워하셨던 성도님들이 많이 이탈하신 거죠."

"안수집사 부부가 있는데, 제 설교의 어떤 말로 상처를 받고 교회를 안 나오게 됐어요. 저는 모르고 한 말이지만, 어쨌든 교회에 안 나와서 제가 여러 번 찾아갔어요. 신앙생활을 잘하시던 분이고, 장로 후보였던 분이 교회를 떠나 제가 정신적으로 힘들었죠."

② 진영 간 분열과 대립

쇠퇴하는 교회에서는 목회자 지지 여부에 따라 성도들이 찬반 진영으로 나뉘기도 하고, 세대 간의 인식 차이로 인한 갈등이 교회의 분위기를 무겁게 만든다. 오래된 성도들의 폐쇄적인 관계망은 새신자들에게 배타적인 인상을 주며, 회복이 어려운 상처를 남기기도 한다.

"목사님을 지지하는 쪽과 반대하는 쪽이 있었는데, 성도들이 서로 다른 이야기를 하면서 오해하고, 거짓말하고, 그 거짓말이 탄로나기도 하고…."

"갈등이 있었던 성도들 간의 불씨가 여전히 남아 있어서 불신하고 무시하는 분위기가 있습니다. 죽을 때까지 못 바꿀 것 같아요."

"기존 교인들의 단단한 관계가 새가족들에게 오히려 텃새처럼 느껴졌어요. 따뜻하게 맞아주는 공동체 분위기가 아니에요."

교회의 갈등은 피할 수 없는 현실이지만, 그것을 어떻게 다루느냐에 따라 교회의 생존 여부가 달라진다. 쇠퇴하는 교회에서는 갈등이 생긴 이후에도 이를 해결하거나 화해로 이끌려는 공동체적 노력보다 서로에 대한 불신과 단절이 더 깊어진다. 관계의 회복 없이 부흥은 없다. 상처를 덮는 것이 아니라 진실하게 대면하고, 영적 성숙과 신뢰 회복의 과정을 통해서만 진정한 공동체의 회복이 가능하다. 교회가 다시 살아나기 위해서는 갈등과 상처를 외면하지 않고 복음의 능력으로 풀어가는 리더십과 공동체 정신이 반드시 필요하다.

데이터로 보는 교회의 갈등 관리 해법

부흥하는 교회의 주요 특징 중 하나는 교회 구성원들이 공동체적으로 함께 참여하고, 협력하며, 사역에 적극적으로 동참하는 분위기다. 교회 안에 갈등의 요인이나 긴장감이 존재하는 것은 어느 공동체나 마찬가지이지만, 부흥하는 교회에는 이를 극복하여 성장의 발판으로 삼는 역량이 있다. 특히 소그룹을 통한 친교의 강화, 변화와 개혁에 대한 집단적 수용 태도, 건강한 리더십 구조는 갈등이 발생하더라도 그것이 교회의 에너지로 전환되도록 돕는다. 반면에 쇠퇴하는 교회에서는 갈등 문제가 더 뚜렷하게 나타나며, 그로 인해 교회 구성원 간의 영적 관계적 연합이 약화되고 있다. 갈등을 둘러싼 인식과 처리 방식에서 양 교회 간에 차이는 명확하다.

① 갈등을 조장하는 교인의 존재 여부

본 조사 결과에 따르면 쇠퇴하는 교회 목회자 중 33.1%가 갈등을 조장하는 교인이 있다고 응답한 반면, 부흥하는 교회 목회자는 23.8%만이 그렇게 응답하였다. 성도들의 응답도 유사한 차이를 보인다. 쇠퇴하는 교회 성도는 22.2%, 부흥하는 교회 성도는 15.0%가 각각 갈등을 조장하는 교인이 존재한다고 인식하였다. 이 결과는 쇠퇴하는 교회에서 갈등 유발 교인의 존재가 더 분명하게 인식되고 있으며, 이는 갈등이 더 자주 발생하거나 해결되지 않은 채 지속되고 있음을 시사한다.

② 갈등을 조장하는 교인의 영향력

갈등 유발 교인의 영향력이 크다고 인식한 비율은 쇠퇴하는 교회에서 현저히 높다. 쇠퇴하는 교회 목회자의 49.2%, 성도의 38.3%가 그러한 인식을 보였고, 부흥하는 교회에서는 목회자 35.8%, 성도 28.0%로 상대적으로 영향력이 낮게 나타났다. 이는 쇠퇴하는 교회일수록 갈등 유발 교인이 교회 운영과 분위기에 더 큰 영향을 미치며, 공동체 내에서 적절히 견제하거나 조정할 수 있는 리더십 체계가 미흡하다는 점을 보여준다.

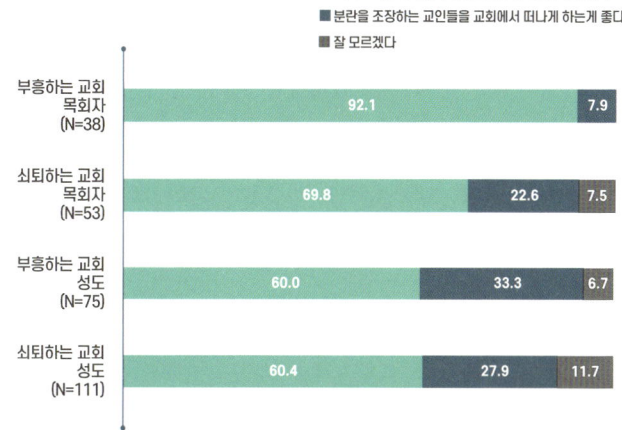

*출처 : 목회데이터연구소, '교회 성장과 쇠퇴 관련 조사'(과거 5년간 교인 정체/증가 & 향후 5년간 교인 증가 예상하는 담임목사 160명, 성도 500명, 과거 5년간 교인 정체/감소 & 향후 5년간 교인 감소 예상하는 담임목사 160명, 성도 500명 총 1,320명, 온라인조사, 지앤컴리서치, 2025.03.26.~04.09.)

③ 갈등 유발 교인에 대한 적절한 처우

갈등 유발 교인을 어떻게 대하는가에 대한 항목에서도 두 그룹 간의 태도 차이가 뚜렷하다. 부흥하는 교회 목회자의 92.1%는 해당 교인을 '설득하여 품는다'고 답했으며, 성도는 60.0%가 품는다고 응답했다. 반면에 쇠퇴하는 교회 목회자의 69.8%가 품는다고 했고, 성도는 60.4%가 같은 응답을 보였다.

이 수치는 부흥하는 교회가 공동체적 포용과 관계 회복을 더 중시하며, 설득과 품음의 전략을 일관되게 추구하고 있음을 보여준다. 반면에 쇠퇴하는 교회는 품으려는 의지를 보이기는 하나, 그 정도와 일관성에서 차이를 보인다. 특히 목회자와 성도 간의 인식 차이도 상대적으로 더 크게 나타났다.

④ 목회자와 장로의 갈등

모든 교회에서 목회자와 장로의 관계가 원만하지는 않다. 이 두 그룹 간의 관계 정도를 알아보기 위해 목회자와 장로의 갈등 정도를 물어보았다. 조사 결과 '갈등이 없다'는 응답을 보면 목회자의 경우 부흥하는 교회 44.4%, 쇠퇴하는 교회 25.0%로 큰 차이가 난다. 또 성도의 경우 부흥하는 교회 41.3%, 쇠퇴하는 교회 20.7%로 이 역시 두 배가량 차이를 보인다. 목회자와 장로로 구성되는 당회는 교회의 모든 의사 결정이 이루어지는 최고 의결 기구이다. 따라서 이 집단 내에서의 갈등은 교회 발전을 가로막는 치명적 요인이라 할 수 있다. 그런데 부흥하는 교회와 쇠퇴하는 교회가 이 부분에서도 큰 차이를 보이고 있는 것이다.

갈등과 대립에서 화해와 통합으로

이상으로 두 그룹 간 갈등 상황에 대한 통계 자료를 살펴보았다. 부흥하는 교회와 쇠퇴하는 교회 간의 갈등 인식과 대응 방식은 교회의 건강성과 직결된다. 부흥하는 교회는 갈등 수준이 낮은 상태에서 갈등을 예방하고 관리할 수 있는 구조와 문화, 그리고 리더십 역량을 갖추고 있는 반면, 쇠퇴하는 교회는 갈등이 발생했을 때 그것이 공동체를 분열시키는 방향으로 흘러가는 경향이 강하다. 중요한 것은 갈등이 생겼을 때 이를 어떻게 다루느냐, 그리고 교회가 어떤 원칙과 태도로 구성원을 품고 회복시켜 나가느냐에 있다.

쇠퇴하는 교회가 다시 살아나기 위해서는 갈등 유발 교인의 영향력에 휘둘리지 않고, 공동체 전체의 관계와 사명을 회복할 수 있도록 리더십의 책임과 교회의 제도적 역량을 강화하는 것이 선결 과제이다. 특히 담임목사가 갈등의 중심이 되는 구조를 넘어, 화해와 통합의 중심이 되는 리더로 거듭나는 노력이 필요하다. 결국 교회 부흥의 열쇠는 '함께 품는 교회'로 나아가려는 공동체적 의지와 실행력에 달려 있다.

17
목회자의 영적 침체

　목회자는 교회의 영적 부흥에 중추적인 역할을 감당한다. 물론 교회의 진정한 부흥은 전적으로 하나님의 은혜와 성령의 역사에 달려 있다. 하지만 하나님께서는 그 역사를 이루시기 위해 목양의 책임을 맡은 목회자를 사용하신다. 따라서 목회자는 단지 행정의 리더나 설교자가 아니라 공동체에 영적 생명력을 불어넣는 도구로 부름받은 존재다. 그런 점에서 쇠퇴하는 교회의 중요한 특징 중 하나는 목회자의 역할과 소명이 무너지는 현상으로 나타난다.

회피하고 비관하는 목회자

① 관계 문제를 두려워하여 성도의 눈치를 보는 목회자
　쇠퇴하는 교회의 목회자들은 성도들과의 관계에서 자신을 '을'의 위치로 인식하는 경향을 보인다. 이는 목회자가 성도를 리드하지 못하고 오히려 성도의 반응을 지나치게 의식하며 위축된 자세로 사역을

감당하고 있다는 것을 보여준다. 목회자가 예배나 사역에 대한 명확한 기준을 제시하기보다 마찰을 피하고자 중요한 결정을 미루거나 침묵하는 경우가 많다.

"찬양대에 대한 고민이 있어요. 코로나 때문에 해체됐는데 어느 교회든지 찬양대가 문제가 있잖아요. 기득권의 문제도 있고, 시끄러울 수가 있는데 목회자이지만 제가 그 리스크를 감당할 용기가 없어요."

"성도들이 십일조도 안 하고 음주도 하는데 전혀 죄의식이 없으니 강단에서도 그 이야기를 못 하죠."

② 의욕 상실과 영적 번아웃

쇠퇴하는 교회의 목회자들은 반복되는 실패와 비교 속에서 자신감을 상실하고, 결국 영적 번아웃 상태에 이르게 되는 경우가 많다. 이들은 더 이상 새로운 사역을 시도하거나 회복의 그림을 그리는 데에 힘을 쓰기 어려운 상태에 머물러 있다.

"기관이나 교단 같은 곳에 가면 위축되기도 합니다. 남들과 비교하면서 스스로 자존감을 떨어뜨리는 것 같아요."

"저도 솔직히 번아웃이 온 것 같고, 지금 무엇을 해야 할지 구상이 쉽지 않습니다."

이러한 내면 상태는 목회자의 개인적 고통일 뿐 아니라 그가 이끄는 교회의 전체적인 영적 분위기를 저하시키고 교회의 미래를 직접적으로 위협하는 위기 요인이 된다.

③ 극복하기 어려워 보이는 현재 상황

쇠퇴하는 교회의 목회자들은 자신이 처한 환경이나 재정적 한계를 극복 불가능한 구조적 문제로 간주하는 경향이 강하다. 이들은 지역의 인구 감소, 재정 부족, 내부 관계의 복잡성 등을 이유로 사역의 방향성을 상실하거나 변화의 가능성을 포기하는 태도를 보인다.

"재정적인 한계가 있습니다. 성장 동력이 우려되는 부분이 있어요."

"지역 자체 인구가 감소하는 추세예요. 개발이 멈추고 오히려 퇴보하는 지역이에요."

"교인 60명 중 20명이 친인척이에요. 토박이들이 대부분이라서 쉽지 않아요."

데이터로 보는 목회자의 영적 침체

쇠퇴하는 교회의 위기 가운데 하나는 목회자의 심리적, 정서적 소진 상태, 즉 번아웃 현상이 심각하다는 점이다. 목회자의 번아웃은 단순히 개인의 문제가 아니라 교회의 활력과 직결되며, 공동체 전체의 사역 동력에 직접적인 영향을 미친다.

조사에 따르면 쇠퇴하는 교회 목회자의 50.0%는 자신이 현재 번아

부흥하는 교회 Vs 쇠퇴하는 교회 항목별 비교 (성도대상, %)

항목	부흥하는 교회	쇠퇴하는 교회
번아웃 상태	18.1	50.0
번아웃 아님	59.4	25.6
사역지 이동 의향 없음	66.2	35.6
사역지 이동 의향 있음	13.8	43.1

*출처 : 목회데이터연구소, '교회 성장과 쇠퇴 관련 조사'(과거 5년간 교인 정체/증가 & 향후 5년간 교인 증가 예상하는 담임목사 160명, 과거 5년간 교인 정체/감소 & 향후 5년간 교인 감소 예상하는 담임목사 160명 총 320명, 온라인조사, 지앤컴리서치, 2025.03.26.~04.09.)

웃 상태에 있다고 응답하였다. 반면에 그렇지 않다고 응답한 비율은 25.6%에 불과해서 절반 이상의 목회자가 상당한 소진을 경험하고 있음을 보여준다. 이는 단순한 피로감의 수준을 넘어서 지속적인 사역 환경의 침체와 목회적 무기력감이 누적된 결과로 해석될 수 있다.

이에 비해 부흥하는 교회 목회자의 18.1%만이 현재 번아웃 상태에 있다고 응답하였다. 더불어 59.4%는 그렇지 않다고 답해, 절반이 훨씬 넘는 목회자가 사역을 감당하며 정서적 여유와 안정감을 유지하고 있는 것으로 나타났다. 이는 부흥하는 교회의 사역 환경이 목회자에게 긍정적인 피드백과 성취감을 제공하고 있으며, 건강한 사역의 흐름 속에서 번아웃을 방지하고 있음을 시사한다.

이와 함께 사역지 이동 의향에 대한 응답에서도 두 그룹 간의 차이가 뚜렷하다. 부흥하는 교회 목회자 중 약 66.2%는 현재 시무 중인 교회 외 다른 기관이나 사역지로 옮길 의향이 없다고 응답하였으며,

옮길 의향이 있다고 응답한 비율은 13.8%에 그쳤다. 반면에 쇠퇴하는 교회 목회자 중 옮길 의향이 '있다'는 응답은 43.1%, '없다'는 응답은 35.6%로 나타났다. 옮길 의향이 있는 비율이 부흥하는 교회와 쇠퇴하는 교회 간에 3배 차이가 난다. 특히 쇠퇴하는 교회 교인 수 100명 미만의 중소형 교회 목회자들에게 사역지를 옮기고자 하는 의향이 높게 나타났는데, 이는 열악한 사역 여건과 정서적 부담이 결합된 결과로 볼 수 있다.

흥미로운 점은 목회자의 번아웃이 단순히 사역의 양이나 과중함 때문이 아니라, 교회의 질적 활력과 더 밀접한 상관성을 가진다는 점이다. 실제로 교인 수, 다음세대가 감소하고 있는 교회의 목회자일수록 번아웃 비율이 높게 나타났으며, 소그룹 활동이 침체된 교회에서 번아웃 응답이 더 많이 나왔다. 이는 사역의 분량 자체보다 교회의 침체된 분위기와 생명력 저하가 목회자의 내적 탈진을 촉진한다는 점을 시사한다.

위기 극복의 첫걸음은 목회자의 회복부터

결국 목회자의 번아웃은 단지 개인의 영성이나 체력 부족 때문이 아니라 공동체의 전반적인 쇠퇴와 신앙적 활력이 사라진 구조적 위기 속에서 나타나는 현상으로 보아야 한다. 이러한 분석은 목회자 회복을 위한 접근 방식이 단순한 '휴식'이나 '개인 관리'를 넘어서 교회의 활력을 회복하고, 사역의 의미와 열매를 재발견하게 하는 공동체적 변화로 이어져야 함을 보여준다.

쇠퇴하는 교회가 회복되기 위해서는 목회자가 먼저 회복되어야 한다. 목회자의 회복은 단지 개인의 문제가 아니라 교회의 미래와 직결된 사안이다. 이를 위해서는 공동체의 기도와 지지가 필요하며 목회자 스스로 다시 소명을 붙들고 믿음으로 나아가야 한다. 이는 쇠퇴하는 교회를 다시 살리는 첫걸음이 될 것이다.

18
기도와 영성의 약화

쇠퇴하는 교회는 기도와 영성의 토대가 심각하게 약화되어 있다. 정기 기도회, 기도훈련, 중보기도 등 영성훈련 전반이 부흥하는 교회에 비해 현저히 부족하며, 이는 교회의 영적 방향성과 사역의 추진력 약화로 직결된다. 기도의 부재는 단순한 개인의 신앙 부족을 넘어서, 교회 쇠퇴를 야기하는 구조적 요인 중 하나이다.

소홀해지는 영성 훈련

쇠퇴하는 교회에서는 목회자의 여력 부족, 성도들의 참여 저조 등 여러 이유로 기도회와 관련 프로그램이 점점 축소되고 있다. 단순히 참석 인원이 줄어드는 것만이 아니라 기도에 대한 독려와 교육조차 약화되어 가고 있다.

① 형식화되어 가는 기도회

기도회가 유지되더라도 생명력 있는 모임이라기보다 형식적으로 운영되는 경우가 많다.

"수요예배, 금요기도회가 코로나 때문에 없어졌어요. 중보기도가 화요일에 있고, 금요기도회가 있는데(출석 인원 200명 가운데) 10명 정도 모여요."

"저녁기도회를 하는데 성도들의 부담을 줄이려고 큐티 설교 10분 정도 하고 그다음 기도해요."

이런 응답은 기도회가 단지 존재하기만 하고, 실제로 성도들의 영적 생명을 불러일으키는 훈련의 장으로서 그 기능이 점점 퇴색되고 있음을 보여준다.

② 양육과 훈련 프로그램의 감소

성도들의 영적 성장을 위한 양육과 제자훈련 역시 거의 이루어지지 않고 있다. 목회자의 사역적 여력 부족과 일꾼의 부재가 그 주된 이유이다. 한 목회자는 다음과 같이 말했다.

"대부분의 교인들이 기존에 경험했던 큰 교회의 서비스라든지, 세분화된 프로그램을 원하는데 저희는 그것을 채워줄 수 없어요."

"지방이다보니 사역자가 오지 않아요. 그래서 교회학교 사역자가 없어서 교회학교 운영이 어렵고, 사역 프로그램은 청년부 성경 프로그램이 하나 있는데 그마저 지원자가 없습니다."

이처럼 프로그램의 부재는 단순한 시스템의 문제가 아니라 교회의 미래를 준비하고 성도를 양육하는 사역이 중단되고 있다는 위기의 신호다. 기도와 영성은 교회의 본질적 뿌리이며 사역의 방향과 지속성을 결정짓는 핵심 요소이다. 쇠퇴하는 교회에서 기도와 훈련이 약화된 것은 단지 프로그램이 줄어든 문제가 아니라 공동체의 영적 흐름이 끊기고 있다는 신호다. 회복의 출발점은 기도의 재건에서 시작되어야 하며, 이는 단순한 권면이 아닌 목회 전략의 우선순위로 다루어져야 한다.

데이터로 보는 기도와 영성의 문제

쇠퇴하는 교회는 정기적인 기도회 운영과 성도들의 기도 참여도 면에서 전반적으로 약화된 모습을 보이고 있다. 기도는 교회의 영적 활력과 공동체를 지탱하는 핵심 요소임에도 불구하고 쇠퇴하는 교회에서는 이 기반이 점점 무너지고 있다.

① 정기 기도회 운영 현황

정기적인 기도회 운영 여부는 교회의 전반적인 건강성과 깊은 상관관계를 갖는다. 부흥하는 교회 목회자의 40.0%는 매주 정기적인 기도회를 운영하고 있다고 응답했으며, '매주 기도회가 있다'고 응답한 성도의 비율은 50.4%로 목회자보다 높았는데, 이는 목회자보다 성도들이 기도회 운영이 더 활발하다고 인식하고 있음을 보여준다.

쇠퇴하는 교회는 정기 기도회의 운영에서 부흥하는 교회보다 취약한 모습을 보였다. 목회자의 29.4%만이 매주 기도회를 운영한다고

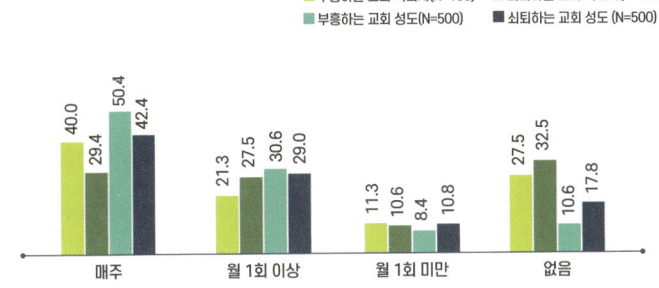

응답했으며, 성도는 42.4%가 매주 기도회가 있다고 응답했다. 이는 교회의 공식적인 기도 시간 분량에서 부흥하는 교회와 쇠퇴하는 교회 간에 큰 차이가 나고 있음을 보여준다.

② 개인의 기도회 참여도

부흥하는 교회의 성도 중 지난 1년간 정기 기도회에 매번 참석한 비율은 32.0%로, 세 명 중 한 명꼴이다. '가끔 참석했다'는 응답이 51.9%로 가장 많았으며, 전혀 참석하지 않았다는 비율은 16.1%였다. 반면에 쇠퇴하는 교회의 성도 중 정기 기도회에 '매번 참석했다'는 응답은 21.7%에 불과했고, '가끔 참석했다'는 51.8%, '전혀 참석하지 않았다'는 26.5%였다. 신앙의 깊이나 직분에 따라 참여율은 높아지는 경향을 보였지만, 전반적인 참여 수준은 부흥하는 교회에 비해

10%p 이상 낮았다.

기도회는 교회의 영적 기반이다

기도는 단지 하나의 프로그램이 아니라 교회 회복의 시작점이다. 기도회가 재건될 때 교회의 영성과 공동체성도 함께 회복될 수 있다. 기도는 쇠퇴하는 교회를 다시 살리는 근본적인 영적 처방이다. 톰 레이너는 죽은 교회의 사인(死因)이 좀처럼 함께 기도하지 않은 것이라고 지적했다. 그는 "기도와 교회의 건강은 서로 하나로 연결되어 있다. 교회가 의미 있는 기도생활에 참여하면 교회는 더 건강해진다. 의미 있는 기도는 교회 건강의 원인이자 결과다"라고 주장한다.

기도회는 단순히 시간을 떼우는 모임이 아니다. 예배와 사역, 리더십의 방향성, 성도들의 헌신을 이끌어내는 영적 기반이다. 기도회가 약화된다는 것은 목회자의 권위와 방향성에 대한 성도의 수용력이 약해진다는 뜻이며, 이는 사역 추진력 전반의 저하로 이어진다. 쇠퇴하는 교회가 진정한 회복을 경험하기 위해서는 다시 기도와 영성으로 돌아가야 한다. 이것은 단순한 개인 신앙생활의 강화가 아니라 교회의 정체성과 사명을 회복하는 길이다. 기도 없이는 부흥도 없다. 기도 없이는 소그룹도 없고, 3040세대도, 다음세대도 없다. 영적 힘줄이 끊긴 교회는 결국 껍데기 조직만 남고, 세상 속에서 의미를 잃는다. 지금이야말로 교회가 기도하는 공동체로 다시 서야 할 때다.

19
소통과 교제의 단절

쇠퇴하는 교회에서는 교회 공동체 내부의 소통과 교제가 느슨해지거나 끊어지는 현상이 두드러진다. 이는 성도 간, 그리고 목회자와 성도 간 관계의 약화로 이어지며 결국 공동체의 생명력과 회복력을 저하시키는 원인이 된다.

느슨하거나 끊어져버린 소통과 교제

① **관리가 안 되고 약화되는 소그룹**

쇠퇴하는 교회는 소그룹 사역의 구조가 유지되고 있더라도, 실제로는 거의 기능하지 못하는 경우가 많다. 이는 내부의 분열된 분위기, 낮은 친밀도, 리더 교육의 부재 등 다양한 요인에서 비롯된다. 소그룹 참여율이 낮고, 관리가 되지 않으며, 공동체성을 회복할 만한 기반이 약화되고 있다.

"구역예배 편성은 됐는데 자주 못 만나니까 흐지부지되기 시작했어요. 현재 소그룹은 없고 구역장님들도 다들 바빠서 소그룹을 돌보거나 관리하지 못해 참여율도 너무 떨어져요."

"교회 중심이 되는 구역이나 소그룹이 사실상 멈춘 상태입니다. 내면적으로 깊이 있는 신앙을 나누는 그룹들이 활발하게 움직이지 않는 상황이에요."

이처럼 소그룹이 단절되거나 약화되면 교회 내 신앙적 교제의 흐름이 멈추고, 성도들이 고립감을 느끼게 된다. 이는 자연스럽게 출석률 저하와 신앙생활의 무력화로 이어진다.

② 사역자와 성도 간의 소통 단절

목회자와 성도 간의 관계에서도 교제가 원활히 이루어지지 않고 있다. 때로는 목회자의 보수적이거나 권위적인 태도가 성도들에게 거리감을 유발하고, 때로는 목회자 스스로 교제를 회피하거나 소극적으로 임하면서 소통이 단절된다.

"장로님과 개인적인 식사 자리를 6년 만에 처음 가졌습니다."

"이전 목사님이 보수적이셨어요. 그래서 교인들이나 리더들과의 소통이 부재합니다."

이러한 거리감은 개인 간의 성향 차이에 그치지 않고, 교회 사역 전반에 영향을 미친다. 성도들은 목회자를 신뢰하기 어렵고, 목회자 또한 성도들의 삶과 신앙을 구체적으로 돌볼 기회를 잃게 된다.

데이터로 보는 교회의 소통과 교제

① 소그룹의 활성도 차이

소그룹은 교회 내 소통과 친교의 기반이자 성도 간 신앙 공동체를 형성하는 중요한 매개체다. 부흥하는 교회는 소그룹이 전반적으로 활발하게 운영되고 있는 반면, 쇠퇴하는 교회는 소그룹이 침체되었거나 아예 운영되지 않는 경우가 많았다.

부흥하는 교회 목회자의 76.3%는 소그룹이 활발히 운영되고 있다고 응답했으며, 성도의 응답은 그보다 높은 83.6%에 달했다. 반면에 쇠퇴하는 교회 목회자의 경우 29.4%만이 소그룹이 활발하다고 응답했으며, 60.6%는 침체되었다고 응답해 극명한 차이를 보였다. 성도의 응답에서도 쇠퇴하는 교회는 50.4%가 소그룹이 활발하다고 보았지만, 46.4%는 침체되었다고 인식해 의견이 양분되어 있었다.

이러한 수치는 소그룹의 구조적 운영 여부뿐 아니라, 실제적인 역동성에서도 쇠퇴하는 교회가 상당히 약화된 상태임을 보여준다. 소그룹은 단순한 프로그램이 아니라 교회 내 관계성과 공동체 정체성을 형성하는 기초이기 때문에 그 활성도는 교회의 건강성과 밀접하게 연결되어 있다.

② 장로 리더십의 태도

교회 내 핵심 리더인 장로의 리더십 태도 또한 두 그룹 간에 차이를 보였다. 부흥하는 교회 목회자의 81.9%, 성도의 77.4%는 교회의 장로들이 '주로 섬기는 스타일'이라고 평가했으며, '섬김을 받으려는 스타일'이라는 응답은 8.8%에 불과했다. 쇠퇴하는 교회에서는 목회자의 20.0%, 성도의 17.0%가 장로들이 '섬김을 받으려는 스타일'이라고 답해 부흥하는 교회에 비해 수동적이거나 권위적인 리더십 경향이 더욱 강하게 나타났다.

이러한 차이는 교회 내 소통과 관계의 분위기에 큰 영향을 미친다. 장로가 본이 되는 섬김을 실천하지 않으면, 성도들은 교회 리더십을 신뢰하거나 따라가기 어렵고, 이는 공동체 분열이나 소통 단절로 이어질 가능성이 크다. 쇠퇴하는 교회에서 나타나는 소그룹 침체나 공동체성 약화의 배경에는 이러한 리더십의 태도도 중요한 영향을 미치고 있는 것으로 보인다.

③ 참여와 소통의 교회 구조

교회의 건강한 소통 구조는 교인들이 교회 운영에 실질적으로 참여할 수 있을 때 형성된다. 부흥하는 교회는 교회 거버넌스 참여 기회가 상대적으로 잘 보장되어 있는 것으로 나타났으며, 목회자의 71.9%, 성도의 63.6%가 참여 기회가 충분하다고 응답했다. 반면에 쇠퇴하는 교회에서는 목회자의 53.1%만이 참여 기회가 있다고 응답했으며, 성도의 경우 40.0%만이 그렇게 인식했다. 특히 성도 중 '매우 그렇다'는 응답은 5.4%에 불과해, 소통의 구조적 단절이 심화되

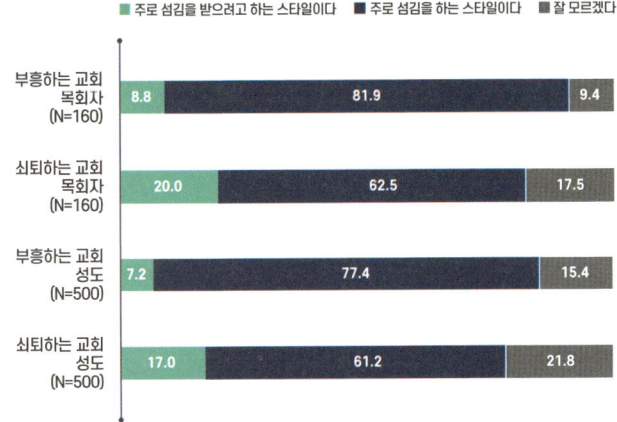

어 있음을 보여준다.

소통과 교제의 관계 구축하기

이는 단순히 운영 방식의 문제가 아니라 교회가 성도들의 의견을 존중하고 반영하는지에 대한 신뢰의 문제이기도 하다. 소그룹의 약화, 장로의 수직적 리더십, 성도의 제한된 참여가 반복적으로 나타나는 쇠퇴하는 교회는 결국 소통의 부재라는 구조적 문제에 직면해 있으며, 이것이 교회 쇠퇴의 악순환을 가속화하고 있다.

소통과 교제는 교회의 생명줄이다. 쇠퇴하는 교회는 이 연결고리가 약화되며 성도 간 신앙 나눔과 목회자와의 영적 동행이 단절된 상태에

놓여 있다. 이 단절은 곧 교회의 생명력 약화로 이어지며, 교회를 고립된 개인들의 집합체로 만들고 만다. 쇠퇴하는 교회의 회복은 소그룹의 재활성화와 목회자의 진정성 있는 소통 회복에서 시작되어야 한다. 관계를 다시 세우는 일이 곧 교회를 다시 세우는 일이기 때문이다.

20
줄어드는 봉사

　쇠퇴하는 교회의 또 다른 특징은 지역 사회에 대한 봉사와 섬김이 약화되었다는 것이다. 교회는 본질적으로 세상을 향한 복음의 확장과 이웃 사랑을 실천하는 공동체이다. 그러나 쇠퇴하는 교회는 교회 내부의 위기와 소진으로 인해 외부를 향한 헌신과 선교, 나눔의 실천에 점점 더 소홀해지고 있다. 이는 예산의 부족, 일꾼의 부재, 리더십의 방향 부족 등 복합적 원인에서 비롯된다. 그 결과 교회는 지역 사회와의 유기적 관계를 상실하고, 세상 속에서 소외된 존재로 남게 된다.

봉사, 선교, 헌신, 나눔이 줄어드는 교회

① 지역 사회 헌신과 선교에 소극적인 태도

　쇠퇴하는 교회는 지역 사회와의 연결 지점이 부족하며, 실제 예산이나 프로그램의 규모도 매우 제한적이다. 외부로 향하는 사역은 대부분 형식적 수준에 머무르며, 지역 사회에 대한 관심과 전략적 비전이 결여되어 있다. 성도들도 섬김보다는 섬김을 '받고 싶은' 입장에 머무는 경우가 많다.

"예산이 없다보니까 지역 사회를 위해서 뭘 할 수가 없어요. 교인들도 섬기기보다는 섬김을 받고 싶다는 마음이 큰 것 같아요."

"제가 아직 선교에 대해서 매우 취약합니다."

② 일꾼이 없는 상황

섬김과 봉사를 실천하려 해도 실제로 움직일 수 있는 인적 자원이 턱없이 부족하다. 특히 쇠퇴하는 교회에서는 소수의 헌신자에게 과도한 부담이 집중되는 경향이 있으며, 이마저도 점차 감소하는 추세이다. 결국 목회자 혼자 봉사 활동에 참여하거나 매우 제한된 인원만이 참여하게 되는 구조에 놓이게 된다.

"요양병원 예배나 목욕 봉사에 참여하실 수 있는 분들이 저랑 같이 가서 식사 돕거나 영정 사진을 찍어 드리기도 해요. 그런데 참여 인원이 점점 줄어들고 있습니다."

"바쁘다보니 다들 섬기는 것을 힘들어해요."

데이터로 보는 지역 사회 봉사의 딜레마

① 지역 사회 봉사의 필요성 인식

지역 사회 봉사의 필요성에 대한 인식은 부흥하는 교회와 쇠퇴하는 교회 간에 큰 차이를 보이지 않았다. 전반적으로 두 교회 유형 모두 지역 사회와의 연계를 중요하게 여기고 있으며, 응답 패턴 역시 유사하게 나타났다.

② 교회 공간의 지역 사회 개방 여부

교회 공간의 지역 사회 개방 여부에 대해서 목회자는 차이를 보이지 않았다. 그런데 성도들 간에는 인식 차이가 나타났다. 부흥하는 교회 목회자의 56.3%, 쇠퇴하는 교회 목회자의 53.1%가 교회를 지역 주민들에게 개방하고 있다고 응답해 두 그룹 간에는 차이가 별로 없었다. 그러나 성도의 응답에서는 부흥하는 교회 성도의 61.6%가 개방하고 있다고 응답한 반면, 쇠퇴하는 교회 성도는 46.4%만이 그렇다고 응답했다. 이는 쇠퇴하는 교회 성도들이 체감하는 개방성 수준이 상대적으로 낮음을 보여준다.

③ 교회의 지역 사회 인지도

자신이 속한 교회가 지역 사회 내에서 얼마나 알려져 있는지를 묻는 질문에서도 유사한 경향이 나타났다. 부흥하는 교회 목회자의 53.1%, 성도의 71.9%가 교회가 지역 사회에 잘 알려져 있다고 응답한 반면, 쇠퇴하는 교회 목회자의 50.6%, 성도의 52.0%가 동일하게 응답해, 목회자는 비슷한데 성도들은 두 그룹 간 차이를 보이고 있다. 즉 쇠퇴하는 교회 성도가 부흥하는 교회 성도보다 자신의 교회가 지역 사회에 잘 알려져 있지 않다는 인식이 높았다.

④ 코로나 이전 대비 봉사 활동 변화

지역 사회 봉사 활동의 변화에서는 부흥하는 교회와 쇠퇴하는 교회 간 차이가 예상과 달랐다. 부흥하는 교회 목회자 중 12.5%만이 코로나 이전보다 봉사 활동이 증가했다고 응답한 반면, 성도는 54.5%가 증가했다고 응답했다. 반대로 부흥하는 교회 목회자 36.3%가 봉사 활동이 줄었다고 평가했다. 쇠퇴하는 교회 목회자의 34.4%는 지역 사회 봉사 활동이 코로나 이전보다 증가했다고 응답해서 부흥하는 교회 목회자의 응답 비율보다 훨씬 높았다. 반면에 쇠퇴하는 교회 성도의 경우 단지 13.0%만이 증가했다고 응답하고, 37.9%의 성도는 봉사 활동이 오히려 줄었다고 답했다. 이는 부흥하는 교회와 정반대의 양상을 보이는 것이다.

이러한 인식의 차이는 목회자와 성도가 봉사 활동을 바라보는 관점에서 비롯된 것으로 볼 수 있다. 목회자는 장기적인 관찰과 전체적인 교회 흐름, 예산 상황 및 사역의 실행 가능성까지 포함하는 전략적 관점에서 응답했을 가능성이 높다. 또한 부흥하는 교회 목회자의 경우 코로나 이전부터 봉사 활동을 적극적으로 해왔을 가능성이 높아 코로나 이후 봉사 활동이 더 늘었느냐는 질문에 그렇지는 않다고 응답했을 가능성이 높다. 반면에 성도는 최근 참여한 몇 차례의 인상 깊은 행사나 체험을 중심으로 응답했을 가능성이 있다.

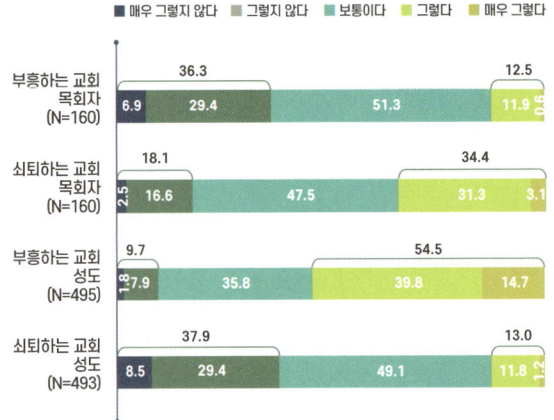

*출처 : 목회데이터연구소, '교회 성장과 쇠퇴 관련 조사'(과거 5년간 교인 정체/증가 & 향후 5년간 교인 증가 예상하는 담임목사 160명, 성도 500명, 과거 5년간 교인 정체/감소 & 향후 5년간 교인 감소 예상하는 담임목사 160명, 성도 500명 총 1,320명, 온라인조사, 지앤컴리서치, 2025.03.26.~04.09.)

그렇다면 부흥하는 교회보다 쇠퇴하는 교회의 봉사 활동이 더욱 높아졌음에도 불구하고 지역 사회를 섬기는 데 소극적이라고 진단할 수 있을까? 이는 다른 수치를 통해서 좀 더 세밀하게 분석할 필요가 있다.

⑤ **지역 사회 봉사 활동의 실효성**

쇠퇴하는 교회 목회자 중 상당수는 코로나 이후 교회의 지역 사회 봉사 활동이 증가했다고 평가하였다. 그러나 실제 봉사 활동의 효과에 대한 평가는 전반적으로 낮았으며, 이는 단순한 활동 횟수의 증가만으로는 교회의 봉사 정신이 활성화되었다고 보기 어렵다는 점을 보여준다.

첫째로 봉사 활동 활성화에 대한 인식을 비교해보면, 쇠퇴하는 교회 목회자 중 지역 사회 봉사 활동이 활발하다고 평가한 비율은 매우 낮았고(15.6%), 성도의 응답도 그에 상응하여 낮은 평가(27%)를 보였다. 반면에 부흥하는 교회는 목회자(32.5%)와 성도(63.2%) 모두 봉사 활동의 활성화에 대해 긍정적인 인식을 나타냈다. 이 차이는 봉사 활동이 한두 번의 실행 여부보다, 교회 문화로 자리잡았는지의 여부가 더 중요한 판단 기준이라는 점을 보여준다.

둘째로 11장에서 외부 예산의 비중을 분석한 바에 따르면 부흥하는 교회는 외부 예산 지출에 매우 적극적인 태도를 보였으며, 이를 통해 지역 사회 섬김과 선교 사역에 필요한 재정 기반을 확보하고 있었다. 반면에 쇠퇴하는 교회는 예산의 제약 속에 봉사 활동을 시도하다보니 지속성과 확장성에 한계를 드러낼 수밖에 없었다. 이처럼 재정적 구조의 차이는 봉사 활동의 질적 차이를 만들어내는 중요한 요인이다.

지역 사회 봉사는 지속 가능하고 공동체적으로

결국 봉사 활동은 몇 번 했는가보다 '얼마나 지속 가능하고 공동체적으로 실행되었는가'가 핵심이며, 교회가 이를 위해 전략적으로 준비하고 헌신 문화를 내재화하는 것이 중요하다. 쇠퇴하는 교회의 지역 봉사 약화는 단지 활동의 감소나 예산 문제에 그치지 않는다. 이는 교회의 정체성과 공동체 정신의 붕괴와도 밀접히 연관되어 있다. 교회가 외부 세계에 관심을 두지 않고 교회 내부에만 몰두하게 되면 공동체의 시야는 점차 좁아지고, 생명력은 약화된다. 따라서 쇠퇴하

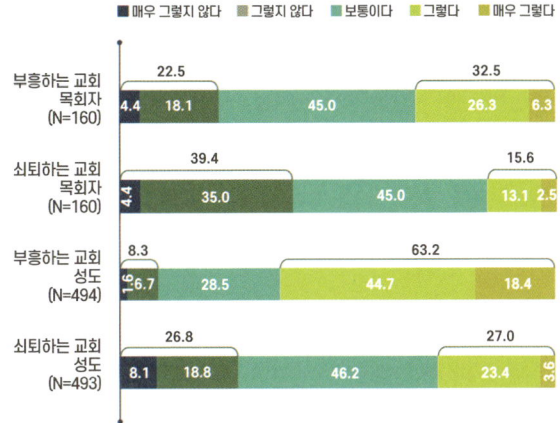

는 교회가 회복되기 위해서는 '예산이 없다', '일꾼이 없다'는 현실의 벽을 넘어서, 작지만 지속 가능한 방식으로 섬김을 재건해야 한다. 기도의 회복과 더불어 섬김의 회복은 교회가 다시 살아나는 중요한 길목이 될 것이다.

21
비전의 부재

비전은 교회의 사명과 방향성을 규정짓는 핵심이다. 건강한 교회는 비전을 통해 구성원들이 사역의 목적을 공유하고, 한 방향으로 나아갈 수 있는 동력을 마련한다. 그러나 쇠퇴하는 교회들은 비전의 부재 혹은 희미한 비전으로 인해 내적 혼란과 사역의 정체를 겪고 있으며, 이는 결국 교회의 쇠퇴로 이어지고 있다.

비전과 변화에 대해 고민하지 않는 교회

① 방향성을 잡지 못하는 비전

쇠퇴하는 교회의 가장 큰 문제 중 하나는 교회만의 독자적인 비전이 부재하다는 점이다. 목회자 스스로 교회의 미래에 대한 분명한 그림을 그리지 못하고, 기존에 성공한 다른 교회의 프로그램이나 구조를 그대로 모방하는 경향이 많다. 이러한 접근은 각 교회의 상황과 연령 분포, 지역적 특성 등을 반영하지 못하고 형식만 따르게 되어 교회 내부의 균형을 무너뜨릴 수 있다.

"이전 목사님이 계시던 그 교회가 정말 유명한 교회였거든요. 방향성을 고민하지 않고 그냥 프랜차이즈처럼 그 교회를 똑같이 따라 만들었어요. 우리 교회는 성도 상황도, 연령도 다른데, 그 프로그램을 똑같이 대입해서 진행하다보니 어긋나는 게 많았어요."

"명확한 비전이 없어요. 비전으로 함께 나가는 것이 아니라 그냥 각개 전투하는 느낌이에요."

② **변화에 대한 두려움과 소극성**

쇠퇴하는 교회의 또 다른 특징은 변화에 대한 두려움과 소극성이다. 새로운 시도를 하고 싶어도 내부적인 갈등이나 교인 간의 의견 불일치로 인해 시도조차 하지 못하는 경우가 많다. 특히 예배와 같은 핵심 사역의 변화는 세대 간 괴리로 인한 긴장으로 이어지기 쉬우며, 결국 변화를 포기하게 되어 젊은 세대의 이탈을 초래하는 경우도 있다.

"저도 뭔가 목회에 대한 그림을 고민하고 있는데, 이렇게 침체된 분위기에서 어떻게 개선해야 할지 모르겠어요."

"예배를 좀 변화시키고 싶었어요. 청년들은 새로 나온 찬양을 좀 틀어달라고 해보자고 하는데, 어른들은 무슨 말인지도 모르고 거부감을 보이더라고요. 큰 대립은 아니지만 그런 요소들이 청년들을 떠나가게 한 부분도 있죠."

"1부, 2부가 다 전통예배예요. 예배가 너무 전통적이어서 40대 이하 세대의 갈급함을 채워주지 못해 품을 수 없게 되고 있어요."

변화는 언제나 긴장을 동반한다. 그러나 변화를 시도하지 않는 교회는 결국 정체되고 쇠퇴하게 된다. 지금 필요한 것은 급진적인 개혁이 아니라, 교회의 정체성과 본질을 지키면서도 시대와 다음세대를 품기 위한 유연하고 현실적인 변화이다. 쇠퇴하는 교회는 자신만의 비전을 정립하고, 복음을 담는 그릇으로서의 교회 문화를 시대에 맞게 재구성할 필요가 있다. 이를 위해 먼저 목회자 자신이 변화의 필요성과 방향에 대한 분명한 확신을 가져야 하며, 명확한 비전을 세우고, 이를 교회 공동체와 함께 나누고 설득할 수 있어야 한다.

데이터로 보는 교회 비전의 문제

교회의 비전과 사명은 목회자와 중직자뿐 아니라 일반 성도들과도 공유되어야 한다. 표어나 문서로 존재할 뿐 아니라 전 교회가 인지하고 기도하며 추구해야 한다.

① 비전/사명 선언문의 존재 여부

부흥하는 교회는 교회의 정체성과 방향성을 명확히 하기 위한 문서화된 비전 또는 사명 선언문의 보유 비율이 높았다. 부흥하는 교회 목회자의 78.1%는 교회에 문서화된 비전 혹은 사명 선언문이 있다고 응답했고, 성도 역시 73.4%가 이를 인지하고 있다고 답했다.

반면에 쇠퇴하는 교회의 경우 목회자의 60.6%, 성도의 65.8%가

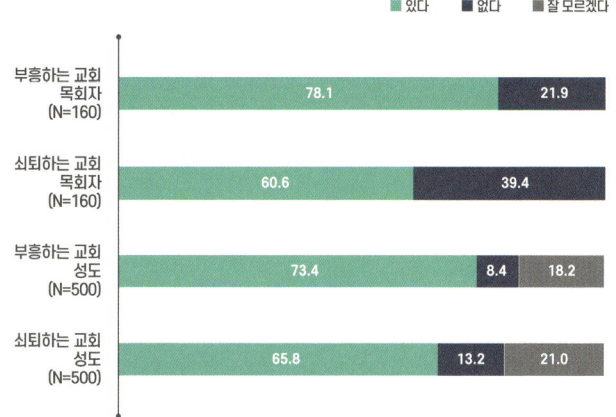

*출처 : 목회데이터연구소, '교회 성장과 쇠퇴 관련 조사'(과거 5년간 교인 정체/증가 & 향후 5년간 교인 증가 예상하는 담임목사 160명, 성도 500명, 과거 5년간 교인 정체/감소 & 향후 5년간 교인 감소 예상하는 담임목사 160명, 성도 500명 총 1,320명, 온라인조사, 지앤컴리서치, 2025.03.26.~04.09.)

비전 또는 사명 선언문이 있다고 응답하였다. 비전이 있다는 응답 비율 자체는 낮지 않지만, 성도의 21.0%가 '잘 모르겠다'고 응답하여 교회 내 비전 인식이 부흥하는 교회보다 상대적으로 낮은 수준에 머물러 있었다.

② **비전의 공유 수준과 인식 격차**

비전 선언문을 단순히 보유하는 것뿐 아니라 성도들과 공유하는 방식과 정도에서도 두 그룹 간 뚜렷한 차이가 나타났다. 부흥하는 교회 목회자의 92.8%는 교회의 비전 및 사명을 성도들과 공유하고 있다고 답했으며, 성도 중 88.6%도 이를 공유받았다고 인식하고 있

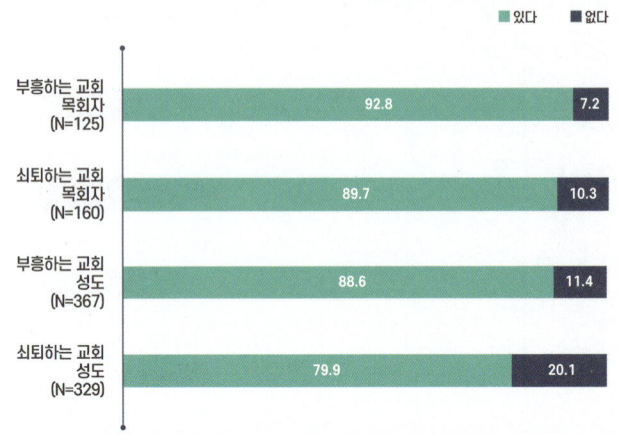

어 비교적 일관된 인식 수준을 보였다.

반면에 쇠퇴하는 교회에서도 목회자의 89.7%는 성도들과 비전이나 사명 선언문을 공유하고 있다고 답했고, 성도들의 79.9%가 교회로부터 공유받았다고 응답했다. 이는 목회자와 성도 사이의 인식 차가 부흥하는 교회보다 더 크게 벌어져 있음을 보여준다. 부흥하는 교회와 쇠퇴하는 교회 성도들의 경우 두 그룹간 10%p 정도 차이를 보이는데, 이는 실제로 비전이 존재하더라도 쇠퇴하는 교회 성도들에게 체감되지 않거나 구체적인 실천 방향과 연결되지 못하고 있는 것으로 해석할 수 있다.

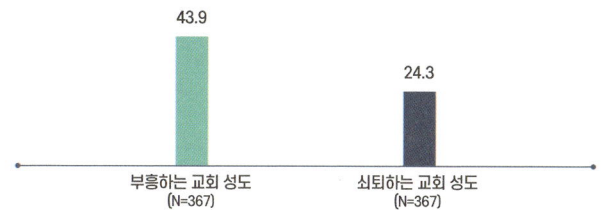

*출처 : 목회데이터연구소, '교회 성장과 쇠퇴 관련 조사'(과거 5년간 교인 정체/증가 & 향후 5년간 교인 증가 예상하는 교회 성도 500명, 과거 5년간 교인 정체/감소 & 향후 5년간 교인 감소 예상하는 교회 성도 500명 총 1,000명, 온라인조사, 지앤컴리서치, 2025.03.26.~04.09.)

③ 비전 인지율의 유사성

흥미로운 점은 교회 유형과 관계없이 성도들의 비전이나 사명에 대한 인지율 자체는 90% 이상으로 높게 나타났다는 것이다. 이는 형식적으로라도 비전 선언문이 존재하고, 최소한 한두 번 이상 언급이 이루어졌다는 것을 의미한다. 그러나 부흥하는 교회는 그 비전을 공동의 사명으로 인식하고 실천과 연결하려는 노력이 동반되었으며, 쇠퇴하는 교회는 비전이 있으나 공유 과정과 체감의 깊이에서 부족함을 보이고 있다고 볼 수 있다. 실제 성도들 기준으로 소속 교회 비전/사명을 '잘 알고 있다'는 응답은 두 그룹 간 차이가 크다. 부흥하는 교회 43.9%, 쇠퇴하는 교회 24.3%로 거의 두 배 차이를 보이고 있다.

전반적으로 부흥하는 교회는 비전이나 사명 선언문을 더 명확히 문서화하고, 목회자와 성도가 유사한 수준에서 이를 인지하고 공유하는 특징을 보인다. 비전이 교회 사역의 추진 동력이며, 성도들의 방향성과 공동체 의식을 강화하는 데 기여하고 있음을 시사한다. 반면에 쇠퇴하는 교회는 비전이 존재하더라도 목회자와 성도 간 공유 및 체감의 깊이에서 부족함이 나타나며, 이로 인해 교회의 정체성과 방향성이 흐려지고 각개 전투적 구조로 이어질 위험성이 있다. 이러한 차이는 교회의 영적 활력뿐 아니라, 다음세대 양육, 예배 혁신, 지역 사회 연계 등 다양한 사역 전반에 영향을 줄 수 있기 때문에 전략적인 비전 재정립과 실천이 요구된다.

묵시가 없으면 백성이 방자히 행한다(잠 29:18)는 말씀이 있다. 영어성경(KJV)은 이를 "Where there is no vision, the people perish"(비전이 없으면 백성은 망한다)로 번역한다. 이 말씀은 교회에도 그대로 적용된다. 비전이 없는 교회는 방향성과 목적의식을 상실하고 결국 쇠퇴의 길을 걷게 된다. 비전은 공동체를 이끄는 나침반이자 사역의 동력이다.

공유된 비전으로부터 출발하라

이번 조사에서 쇠퇴하는 교회는 비전이 부재하거나 비전이 존재하더라도 구성원과의 공유가 부족한 것으로 나타났다. 추상적 문구로만 존재하는 비전은 실제 사역의 방향성과 동력으로 작동하지 못하며, 구성원들에게 공동의 가치와 목표를 제시하지 못한다. 그 결과 교회는 점차 생명력을 잃고, 외부로 확장하기보다 내부 갈등을 관리하기에 급급한, 방어적이고 고립된 공동체로 전락하게 된다. 반면에 부흥하는 교회는 변화 수용도와 개혁 의지가 높았다. 그러나 변화와 개혁은 단순한 실행 이전에 먼저 공유된 비전이 있어야 가능하다. 쇠퇴하는 교회가 변화에 소극적인 것은 비전의 부재에서 비롯된 구조적 문제라고 할 수 있다.

따라서 쇠퇴하는 교회가 회복을 원한다면 비전 수립을 우선 과제로 삼아야 한다. 이 비전은 목회자 중심의 일방적 선포가 아니라 구성원들의 참여를 통한 공동의 비전으로 정립되어야 한다. 오늘날 쇠퇴하는 교회는 비전의 공유와 실행보다는 현상 유지와 갈등 관리에 집중하는 경향이 있다. 그러나 교회가 다시 살아나기 위해서는 목회자와 핵심 리더가 먼저 비전에 헌신하고, 이를 삶으로 보여주는 본이 되어야 한다.

결국 비전은 선택이 아니라 생존의 조건이다. 방향을 잃은 교회는 반드시 침체하게 되어 있고, 살아 있는 교회는 언제나 분명한 비전 위에 세워진다. 쇠퇴하는 교회에게 비전은 회복의 출발점이다.

22
잃어버린 허리세대

 쇠퇴하는 교회는 교회의 허리 역할을 감당해야 할 3040세대의 이탈과 고령화 문제로 심각한 위기에 직면해 있다. 이 세대는 자녀를 양육하며 가정을 세우는 핵심 연령층이자, 교회의 중간 리더로서 재정, 봉사, 교육 등 실제적인 사역을 책임져야 할 중요한 인력이다. 그러나 쇠퇴하는 교회는 이들의 부재로 인해 교회 생태계 전체가 불안정해지고 있다.

허리세대의 이탈과 고령화

① 3040세대의 지속적 이탈과 비협조

 쇠퇴하는 교회에서는 목회자와의 소통 실패나 교회 운영에 대한 불만족, 문화적 차이 등으로 3040세대가 대거 이탈하고 있으며, 남아 있는 이들조차 신앙과 헌신에 적극적이지 않은 경우가 많다. 이는 곧 일꾼의 부재, 재정 악화, 다음세대 교육의 위기로 직결된다.

"목사님과 소통의 문제가 발생하면서 이탈한 40대 층이 많았어요. 그 층이 참 귀한데 정말 많이 이탈했어요."

"너무 가족만 중시해요. 자기 라이프스타일이 우선이고, 온전하게 주일을 성수하는 것이 아니라 여행 때문에, 상황 때문에, 또는 기분이 안 좋다고 교회에 안 나오기도 해요."

"3040세대가 헌금을 거의 안 해요. 십일조를 포함해서 주일헌금도 10명이면 6명 정도가 안 하니까 재정이 어려워집니다."

3040은 교회 운영과 지속 가능성을 좌우하는 세대이다. 이들이 떠나면 교회의 모든 사역 기반이 흔들릴 수밖에 없다.

② 다음세대를 위한 교육 및 환경 제공의 어려움

3040세대가 교회에 머물 수 없는 또 다른 이유는 자녀를 위한 교육 환경이 미비하다는 점이다. 목회자와 교회는 이러한 문제를 인식하고 있지만, 인력과 예산의 제약 속에서 뚜렷한 대안을 마련하지 못하고 있다. 결국 부모들은 더 나은 신앙교육과 시스템을 갖춘 교회를 찾아 떠나게 된다.

"부모들은 아이들을 신앙교육에 좋은 프로그램들이 많은 큰 교회로 보내고 싶은 마음이 있는 것 같아요. 그리고 그것을 막을 수는 없으니까요."

부흥하는 교회 성도들의 사역별 만족도(매우+약간 만족한다 비율) (%)

구분		사례수	예배	설교	친교/소그룹	교회봉사	성경공부	다음세대교육	전도/선교	사회봉사
전체		500	86.2	84.6	72.4	69.2	69.8	60.4	68.4	71.2
연령	19-29세	51	88.2	86.3	74.5	74.5	72.5	72.5	72.5	72.5
	30대	96	81.3	82.3	64.6	65.6	57.3	59.4	59.4	68.8
	40대	116	91.4	88.8	80.2	71.6	66.4	72.4	72.4	74.1
	50대	106	81.1	84.0	75.5	70.8	62.3	67.0	67.0	71.7
	60세 이상	131	88.5	82.4	67.9	66.4	51.1	71.0	71.0	69.5

*출처 : 목회데이터연구소, '교회 성장과 쇠퇴 관련 조사'(과거 5년간 교인 정체/증가 & 향후 5년간 교인 증가 예상하는 교회 성도 500명, 과거 5년간 교인 정체/감소 & 향후 5년간 교인 감소 예상하는 교회 성도 500명 총 1,000명, 온라인조사, 지앤컴리서치, 2025.03.26.~04.09.)

"젊은 부모들이 교회에 머무를 수 있을 만한 교육 부서에 대한 실제적인 지원이나 세미나 등이 없어요."

이처럼 쇠퇴하는 교회는 3040세대의 신뢰를 얻지 못하고 있으며, 다음세대를 위한 실제적 기반도 부족하다. 이는 결국 교회의 미래를 스스로 포기하는 구조로 이어진다.

데이터로 보는 교회의 허리세대

① 교회 사역과 문화를 활성화하는 중간 세대

3040세대와 다음세대 사역의 활성화는 교회 부흥과 뚜렷한 상관

쇠퇴하는 교회 성도들의 사역별 만족도(매우+약간 만족한다 비율) (%)

구분		사례수	예배	설교	친교/소그룹	교회봉사	성경공부	다음세대교육	전도/선교	사회봉사
전체		500	65.6	60.2	41.4	37.2	38.8	35.2	37.2	32.6
연령	19-29세	29	62.1	58.6	41.4	44.8	41.4	37.9	37.9	37.9
	30대	58	63.8	60.3	41.4	43.1	44.8	37.9	34.5	37.9
	40대	115	64.3	64.3	33.0	27.8	34.8	28.7	35.7	28.7
	50대	146	64.4	57.5	44.5	36.3	36.3	33.6	34.2	31.5
	60세 이상	152	69.1	59.9	44.7	41.4	41.4	40.1	42.1	33.6

*출처 : 목회데이터연구소, '교회 성장과 쇠퇴 관련 조사'(과거 5년간 교인 정체/증가 & 향후 5년간 교인 증가 예상하는 담임목사 160명, 성도 500명, 과거 5년간 교인 정체/감소 & 향후 5년간 교인 감소 예상하는 담임목사 160명, 성도 500명 총 1,320명, 온라인조사, 지앤컴리서치, 2025.03.26,~04.09.)

관계를 보인다. 이 세대들이 교회에 안정적으로 정착하고, 사역에 적극적으로 참여할수록 교회는 활력을 얻고, 다양한 연령대가 조화를 이루는 구조로 성장한다. 또한 교회의 고령 비율이 낮고 중간 세대가 많은 교회일수록 예배 출석률, 소그룹 참여도, 재정 자립도, 지역 사회 봉사 등에서 높은 활성화 지수를 보였다. 이는 단순한 연령 구조의 문제가 아니라, 교회의 사역과 문화가 세대 간 연결성과 생명력을 유지하고 있는지를 보여주는 지표로 해석할 수 있다.

② 3040의 사역 만족도와 그 틈새 교훈

본 조사의 교회 사역별 만족도를 보면 3040세대가 현재 교회에서 어떤 상황에 있는지 몇 가지 통찰을 얻을 수 있다. 앞서 부흥하는 교회와 쇠퇴하는 교회 간 교회 속성별 만족도를 살펴본 바 있다. 이를 성도들의 연령대에 따라 자세히 들여다보면 흥미로운 결과가 보인다.

조사 결과에 따르면, 쇠퇴하는 교회 성도들의 사역 만족도는 부흥하는 교회 성도들에 비해 전반적으로 20~30%p 낮은 수치를 보인다. 부흥하는 교회에서는 30대가 거의 모든 사역 영역에서 가장 낮은 만족도를 보이지만, 40대는 대체로 높은 수준을 유지하고 있다. 반면에 쇠퇴하는 교회에서는 예배와 설교를 제외한 거의 모든 사역 영역에서 40대의 만족도가 가장 낮고, 30대는 평균 수준을 보인다. 즉 부흥하는 교회에서는 30대의 상대적 약세 속에서도 40대가 중심을 잡고 있는 반면, 쇠퇴하는 교회에서는 40대가 가장 큰 불만족을 보이며 교회의 중심축이 무너진 모습을 보여준다.

이처럼 부흥하는 교회와 쇠퇴하는 교회 사이에 30대와 40대의 만족도 양상이 상반되는 이유는 무엇일까? 우선 3040세대를 하나의 세대 군집으로 본다면, 이들은 교회의 허리세대로서 중간 연결고리이자 교회를 움직이는 중추적 역할을 맡고 있다. 이 중 40대는 리딩 세대로서 신앙적 헌신과 실천의 중심에 서야 하며, 30대는 다음세대 양육과 삶의 다중 과제를 감당하는 세대로서 교회 공동체의 건강성을 가늠하는 지표가 된다.

부흥하는 교회에서는 30대의 만족도가 낮지만, 40대가 사역에 대해 견고한 만족도를 보이며 세대 전체를 안정시키는 버팀목이 되고 있다. 반면에 쇠퇴하는 교회에서는 리더십을 발휘해야 할 40대가 가장 낮은 만족도를 보이며, 교회의 동력을 상실하고 있다. 실제로 쇠퇴하는 교회의 40대는 변화 수용도와 개혁 의지에서는 높은 응답을 보였지만, 정작 실제적인 참여 기회와 신뢰, 위임은 부족한 것이 현실이다. 이는 사역 구조의 약화와 리더십 부재를 그대로 드러내는 결과이며, 그 여파가 3040세대 전체의 이탈과 다음세대의 약화로 이어지고 있다.

더욱이 부흥하는 교회든 쇠퇴하는 교회든 공통적으로 다음세대 교육에 대한 만족도가 다른 영역에 비해 상대적으로 낮다는 점은 우려할 만하다. 이는 3040세대가 자녀의 신앙 형성과 성장과 관련한 교회에 대한 기대, 교회가 실제로 제공하는 교육적 영적 지원 사이에 뚜렷한 간극이 존재함을 보여준다. 다음세대에 대한 교육과 신앙 전수는 교육 부서의 과제가 아니다. 부모 세대와 연계된 전 교회의 공동 책임이어야 한다.

3040은 교회 생태계를 복원할 중심 세대다

3040세대는 단순한 중간 세대가 아니라 교회 생태계의 심장과 허리 역할을 동시에 감당하는 핵심 세대다. 이들이 교회 안에서 의미 있게 연결되고, 사역에 주도적으로 참여할 수 있을 때 비로소 다음세대와 전 교회가 함께 살아날 수 있다. 만약 이들을 잃고 고령층만 남게 되면 교회는 생존 자체가 위태로울 수 있다. 고령층은 교회의 귀중한 자산이지만, 세대 간 연결과 사역의 지속 가능성을 확보하지 못한다면 공동체는 점차 쇠퇴하게 된다.

지금 교회가 집중해야 할 과제는 '취약한 허리'를 어떻게 튼튼하게 할 것인가이다. 그 해답은 3040세대를 중심에 세우고, 다음세대와 연결되는 살아 있는 생태계를 복원하는 것이다.

닫는 글

교회의 구조와 문화 안에서
복음이 살아 움직이게 하라

　교회가 추구하는 진정한 부흥은 단순히 숫자가 늘어나는 것이 아니다. 그것은 총체적이고 유기적인 영적 생태계의 회복을 의미한다. 본 연구에서는 부흥하는 교회들의 14가지 공통된 특징을 분석했다. 이것은 다시 네 가지 핵심 동력으로 분류할 수 있다. '적극적인 사역 참여 문화', '미래 지향성', '대위임령에의 헌신', '함께하는 공동체'가 '부흥'이라는 랜드마크를 떠받치는 네 개의 기둥이라 할 수 있다. 부흥하는 교회에는 이 기둥들이 견고하게 세워져 있다.

　그런데 이 네 기둥이 부흥의 '필수 조건'인 것은 분명하지만, 그것만으로는 '충분 조건'이 되지 못한다. 이 구조를 지탱하는 근본 토대는 바로 예수 그리스도와 그분의 복음이다. 예수께서 친히 교회의 머릿돌이 되시며(엡 2:20), 이 기둥들을 세우시는 분이다. 결국 부흥은 조직의 역량이나 프로그램의 성과로 이루어지는 것이 아니라, 그리스도의 복음 위에 교회가 단단히 세워질 때에만 가능하다. 말씀의 선포와 예배를 통해 복음이 성도들의 삶에 깊이 각인되고, 실제 삶을 변화시키는 힘으로 작용할 때 비로소 진정한 부흥이 시작된다. 다시 말해, 네 기둥은 복음의 정체성을 구조화한 표현이지, 그 자체가 목적이 될 수는 없다.

부흥하는 교회는 무엇인가?

그렇다면 사람들은 왜 교회를 찾는가? 마음의 평안을 얻기 위해서일까? 공동체 안에서 어울리기 위해서일까? 삶의 문제에 대한 해결을 기대하기 때문일까? 물론 그런 이유도 있을 수 있다. 그러나 이런 필요들은 세상 속 다른 공동체를 통해서도 어느 정도 충족될 수 있다.

신학자 칼 바르트는 사람들이 교회를 찾는 가장 근본적인 이유는 "하나님에 대한 질문에 답을 얻고자 하는 갈망" 때문이라고 말한다. 사람들은 의식적이든 무의식적이든 하나님을 만나고자 하는 영적 허기와 갈망을 안고 교회의 문을 두드린다는 것이다. 그렇다면 교회는 그들에게 지적인 만족이나 정서적 위로를 주는 데 머물러서는 안 된다. 그렇게 되면 신앙의 본질은 희석되고, 성도들은 수동적인 소비자가 되고 만다. 사람들이 교회를 찾는 진짜 이유는 예수 그리스도를 인격적으로 만나기 위함이다. 말씀으로 양육받고 삶이 변화되어 하나님나라의 제자로 살아가기 위해서다.

따라서 교회는 단순히 인간적 필요를 충족하는 장소가 아니라 예수 그리스도를 통해 하나님을 만나는 거룩한 통로가 되어야 한다. 교회는 복음을 선포하고, 성도들이 말씀 안에서 자라가도록 돕고, 그 삶의 모든 영역에서 하나님나라의 가치와 사명을 실천하도록 이끌어야 한다. 여기서 부흥은 단순한 모임의 증가나 프로그램의 확대가 아니라 사람들의 내면과 삶이 새롭게 변화되는 영적 사건으로 드러난다. 교회가 그리스도의 몸으로서 제 역할을 다할 때 교회를 찾는 이들은 단순한 소비자가 아니라 제자로 세워지고, 세상 속에서 빛과 소금으로 살아가는 하나님나라의 동역자가 된다.

이번 연구의 양적 조사에 따르면, 부흥하는 교회의 목회자와 성도들은 교회 성장의 주요 요인으로 '예배와 설교', '소그룹 활성화', '친밀한 교제'를 꼽았다. 질적 조사에 참여한 목회자들 역시 교회 부흥의 핵심은 복음의 본질을 붙들고 예배에 집중하는 것이라고 입을 모았다. 이 같은 인식은 단순한 전략이나 조직 운영을 넘어, 복음에 대한 헌신과 영적 성장에 집중하는 것이야말로 부흥의 본질임을 보여준다.

'영적 성장'이란 단순한 지식의 확장이 아니라, 성도가 자신의 신앙 단계와 생애주기, 삶의 환경에 맞는 돌봄을 받으며 점진적으로 그리스도의 제자가 되어가는 과정이다. 그리고 '헌신'은 목회자와 리더들이 교회의 비전과 목표를 세우고, 성도들이 영적으로 성숙해질 수 있도록 체계적인 양육과 공동체적 돌봄 구조를 세우는 사명적 태도를 의미한다. 이런 맥락에서 부흥하는 교회는 성도들에게 각자의 필요에 맞는 맞춤형 신앙 교육과 의미 있는 공동체 경험을 제공하며, 사역에 책임 있게 참여할 수 있는 구조적인 기반을 갖추고 있다.

또한 교회의 미래를 위해서는 3040세대와 다음세대를 세우는 사역이 필수적이다. 30~40대는 교회의 허리이자 실제적인 사역과 재정을 책임지는 세대이며, 이 세대가 교회를 떠나면 교회의 기반이 흔들린다. 다음세대는 교회의 미래이며, 신앙의 계승이 이루어지는 통로다. 부흥하는 교회들은 이 두 세대에 집중하여 신앙 교육과 공동체적 돌봄을 아끼지 않았고, 이를 통해 미래의 비전을 세우고 있었다.

참된 부흥과 교회의 미래

작은 교회나 시골 교회에서 3040세대 사역, 다음세대 양육, 가정 신앙교육을 이야기하면 현실과 동떨어진 과제처럼 들릴 수 있다. 그러나 이번 연구가 보여주듯, 규모와 상관없이 실천할 수 있는 길은 분명히 있다. 오히려 작은 교회는 인원이 적기에 성도 한 사람 한 사람을 더 깊이 살피고 맞춤형으로 돌볼 수 있는 강점을 지닌다. 3040세대가 많지 않아도 그중 한두 명을 중심 동역자로 세워 소그룹과 봉사 사역을 맡기면 교회 전체에 새로운 활력이 스며든다. 목회자가 이들과 식사하며 신앙과 사명을 나누는 일만으로도 깊은 유대가 형성된다.

다음세대 사역도 규모의 제약을 넘어 설계할 수 있다. 학생이 몇 명뿐이라도 연령을 섞어 소그룹을 운영하고, 인근 교회와 연합하여 수련회나 모임을 기획하면 사역의 폭이 넓어진다. 부족한 교육 인력은 온라인 콘텐츠와 교재로 보완하고, 주일마다 성경 읽기와 기도 모임을 시작하는 것도 충분히 가능할 것이다. 가정 신앙교육 역시 부모들을 모아 짧게 기도와 말씀 나눔의 방법을 전하고, 가정에서 실천할 신앙 챌린지를 제안하는 것부터 시작할 수도 있다.

무엇보다 작은 교회는 교회가 하나의 큰 가정으로 기능할 수 있다는 점에서 특별한 장점을 갖는다. 혈연을 넘어선 영적 가족 공동체가 되어, 전통적 가족 범주에서 소외될 수 있는 이들에게 새로운 소속감을 제공하고 서로의 삶을 돌보며 신앙을 키워 갈 수 있다. 이렇게 작은 교회는 단순한 숫자를 넘어 깊이 있는 사랑과 돌봄, 제자도를 실천하며 교회의 본질을 구현하는 귀한 장이 될 수 있다.

결국, 교회의 미래는 규모나 재정 같은 외형적 조건에 달려 있지 않다. 참된 부흥은 복음 안에서 시작되며, 복음이 교회의 모든 구조와 문화 안에서 살아 움직일 때, 교회는 비로소 살아난다. 이 책이 제시한 다양한 분석과 사례가 오늘의 교회가 자신을 돌아보고, 다시금 그리스도의 몸으로 세워지는 길을 모색하는 데 소중한 이정표가 되기를 바란다.

부록1 한국과 미국의 부흥하는 교회 비교

본 연구는 한국 교회의 현실에 맞게 부흥하는 교회들의 공통 특성과 구조를 체계적으로 분석하고자 하였고, 그 과정에서 톰 레이너가 제시한 미국 교회 유형들의 특징, 유사점과 차이점을 비교 요약하였다.

1. 유사점 : 교회 생명력의 본질은 같다

첫째, 교회의 외부 지향성이 핵심이다. 한국의 부흥하는 교회는 실제로 전도를 실천하고 있으며, 그 결과 회심자와 세례자가 꾸준히 증가하고 있다. 톰 레이너는 죽은 교회의 가장 명백한 특징으로 "외부로의 시선을 잃은 것"을 들었다. 그는 대부분의 쇠퇴하는 교회들이 더 이상 지역 사회와의 연결을 시도하지 않으며, 전도에 무관심하거나 과거의 방식에만 의존한다고 지적했다. 반면에 살아나는 교회는 작고 사소한 기회라도 지역과 이웃에게 다가가려는 '외부 지향적 본능'을 회복하고 있다.

둘째, 변화 수용성과 유연한 리더십이 교회 생존의 분기점이다. 부흥하는 교회는 변화에 유연하고, 구성원들은 개혁의 필요성을 인식하며 의지를 가지고 있다. 반면에 쇠퇴하는 교회는 새로운 시도를 두려워하거나 거부하고, 과거의 방식에 머무르려는 경향이 강하다. 레이너 역시 죽은 교회는 "모든 것을 예전 방식 그대로 유지하려 한다"고 진단하며, 살아나는 교회는 "규모나 재정의 조건보다 변화에 대한 태도와 기민성이 더 중요하다"고 강조한다. 변화에 대한 개방성과 유연한 리더십이야말로 교회의 생존을 가르는 분기점이다.

셋째, 소그룹과 공동체 중심의 사역이 회복의 열쇠다. 부흥하는 교회는 소그룹이 활발하게 운영되며, 이를 통해 전 세대를 아우르는 공동체적 감각이 형성되고 있다. 레이너는 살아나는 교회들이 관계 중심의 소그룹 사역을 통해 영적 회복의 뿌리를 내리고 있다고 분석했다. 반대로 죽은 교회는 교제와 모임이 줄어들면서 공동체가 해체되는 양상을 보인다. 결국, 공동체성과 사역 참여를 기반으로 한 소그룹 활성화가 회복의 중요한 동력임을 보여준다.

2. 차이점 : 문화적 맥락에서의 과제

첫째, 한국 교회는 3040세대의 복귀를 중요한 지표로 본다. 톰 레이너의 분석은 전 세대를 아우르는 전도와 회복에 초점을 두고 있다. 반면에 한국 교회의 현실에서는 3040세대의 회복 여부가 교회 부흥의 분수령으로 나타났다. 이 세대가 이탈한 교회는 쇠퇴하는 경향이 강했고, 이들을 붙잡은 교회는 다시 활력을 되찾는 양상을 보였다.

둘째, '부모교육과 가정 사역'은 한국 교회의 특수한 대응 전략이다. 레이너는 가정 중심 사역을 직접적으로 언급하지는 않았지만, 국내 조사에서는 부모교육을 통한 다음세대 신앙 전수가 중요한 과제로 떠올랐다. 특히 신앙교육의 책임을 교회에서 가정으로 확장하려는 흐름은 한국 교회의 목회 현실과 깊이 맞닿아 있으며, 실제로 부모를 대상으로 한 교육과 가정 사역이 활발하게 이뤄지고 있다.

셋째, '유독한 교인'에 대한 대응 방식에서 문화적 차이가 드러난다. 톰 레이너는 교회의 건강을 해치는 '유독한 교인'을 단호하게 배제하지 않으면 건강한 교인들이 떠난다고 경고했다. 그러나 한국의 부흥하는 교회들은 이와는 다른 태도를 보였다. 오히려 이들을 끝까지 품고 사랑으로 인내하는 모습이 관찰되었다. 이는 교회의 치유 공동체적 정체성과 문화적 배경이 반영된 결과라 할 수 있다.

넷째, 데이터 기반의 정밀 분석과 지역 규모별 통계는 국내 조사만의 강점이다. 톰 레이너의 연구는 주로 정성적 사례 중심으로 진행되었지만, 국내 조사는 수천 명의 설문 조사와 통계 분석을 바탕으로 교회 유형을 세분화하고, 각 요소별 비교가 가능하도록 했다. 이러한 데이터 기반 접근은 구체적인 전략 수립과 정책 설계에 유용한 자원이 된다.

3. 종합적 결론 : 부흥하는 교회의 핵심은 '외향성'과 '유연성'이다

한국 교회와 미국 교회는 문화적 배경과 사회적 환경에서 차이를 보이지만, 교회의 생명력을 좌우하는 본질적인 요인은 유사하다. 실제로 전도를 실천하고, 지역 사회와 유기적으로 연결되며, 변화에 열린 리더십과 건강한 공동체를 가진 교회는 살아난다. 관계 중심의 소그룹과 사명 중심의 사역이 활발한 교회는 생명력을 회복하고, 새로운 세대를 품을 수 있다.

반면에 과거의 틀에 머물고, 내향적으로 닫혀 있으며, 회심자와 다음세대가 사라진 교회는 점차 생기를 잃는다. 목회자는 지치고, 성도는 수동적으로 변하며, 공동체의 동력은 약화된다. 한국 교회가 주목해야 할 점은, 부흥하는 교회들이 규모나 재정보다도 시대 변화에 대한 반응력과 결단력을 가진 공동체였다는 사실이다. 결국 부흥은 특별한 조건이 아닌, 복음에 대한 본질적 충실함과 시대적 요구에 대한 건강한 적응력에서 비롯된다.

부록 2 부흥하는 교회 vs 쇠퇴하는 교회 주요 변수간 상관관계 분석표

부흥하는 교회 vs 쇠퇴하는 교회 특징(상관관계 분석)

종속변수	코로나 이전 대비 교인 수	

독립변수	변수명	상관계수*	P-value
	코로나 이전 대비 봉사자 수	.754**	.000
	코로나 이전 대비 3040신자 수	.730**	.000
	코로나 이전 대비 세례자 수	.724**	.000
	코로나 이전 대비 다음세대 수	.720**	.000
	교인의 사역 프로그램 참여도	.625**	.000
	사역 프로그램 수	.573**	.000
	평신도 사역 활발함	.529**	.000
	외부 지출 예산 비중	.458**	.000
	소그룹 활성화 정도	.400**	.000
	부모교육 활성화 정도	.380**	.000
	교인들의 변화 수용도	.373**	.000
	교인들의 개혁 의지	.356**	.000
	교인들의 전도 실천 정도	.344**	.000
	새가족 교육 활성화 정도	.314**	.000

* 상관계수(R-square 값) 0.30 이상 제시함

정량조사 결과 요약

1. 목회자 조사

이번 표는 목회자 조사를 통해 도출된 부흥하는 교회와 쇠퇴하는 교회의 특징을 한눈에 보여준다. 단순히 교인 수나 프로그램 수를 나열한 것이 아니라 예배와 사역, 세대 구성, 봉사자 참여, 교회 분위기, 변화 수용성과 같은 다양한 항목에서 목회자가 어떻게 상황을 진단하고 있는지를 종합적으로 담아냈다.

목회자 조사는 교회를 실제로 이끄는 리더들이 교회의 성장과 쇠퇴를 어떻게 바라보는지를 보여준다. 특히 부흥하는 교회와 쇠퇴하는 교회 모두에서 목회자들은 예배와 설교가 중요하다는 점을 공통적으로 강조했다. 그러나 세부적으로 들어가면 목회자들은 주로 소그룹, 공동체 의식, 내부 체질 개선과 같은 내부 역량 강화를 교회 성장의 핵심 요인으로 인식하고 있음을 확인할 수 있다.

이 자료는 교회의 현실을 목회자의 시각에서 살펴볼 수 있도록 도와주며, 목회자가 무엇을 중요하게 보고 어떤 부분을 개선해야 한다고 생각하는지 이해하는 데 유용하다. 각 교회가 표를 통해 스스로를 점검하고, 목회자가 바라보는 성장 요인과 쇠퇴 요인을 다시 고민하는 계기로 삼기를 기대한다.

	부흥하는 교회 목회자	쇠퇴하는 교회 목회자
1. 교회 현황 및 미래	**교인 성장 예측 이유** 1순위 : 예배와 설교(45.0%) 2순위 : 교인 간의 친밀한 교제(38.8%) 3순위 : 소그룹 활성화(28.8%)	**교인 감소 예측 이유** 1순위 : 교회 내 3040세대 감소(50.6%) 2순위 : 교회 내 다음세대 감소(41.3%) 3순위 : 교회 주변 지역 인구 감소(45.8%)
	교인 연령구성 : 고른 분포 연령 분포 학생부 : 19.3% 청년 교인 : 18.1% 장년 교인 : 38.2% 시니어 교인 : 24.5%	**교인 연령구성 : 교회의 고령화** 학생부 : 11.4% 청년 교인 : 10.5% 장년 교인 : 32.0% 시니어 교인 : 46.2%
	모든 교인 증가세 전체 교인 수 증가(57.5%) 새신자 수 증가(57.5%) 다음세대 수 증가(43.8%) 3040세대 수 증가(46.9%) 회심자 수 증가(54.4%) 봉사자 수 증가(51.9%) 세례자 수 증가(46.3%)	**증가는 없고, 감소로 가는 교인** 전체 교인 수 감소(71.9%) 새신자 수 감소(53.8%) 다음세대 수 감소(78.1%) 3040세대 수 감소(65.0%) 회심자 수 감소(56.9%) 봉사자 수 감소(62.5%) 세례자 수 감소(69.4%)
	전반적 교회 분위기 : 활력 있음 활력 있음(86.3%, 평균 4.2점)	**전반적 교회 분위기 : 활력 없음** (활력 있음 : 29.4%, 평균 3.0점)
2. 사역 프로그램	**시무교회 사역 강점** 예배 : 35.6% 친교/교제/소그룹 21.9% 다음세대 19.4% 시무교회 강점이 고르게 분포	**시무교회 사역 강점** 예배 : 50.6% 친교/교제/소그룹 14.4% 다음세대 10.0% 시무교회 강점이 '예배'에만 집중되어 있음

	부흥하는 교회 목회자	쇠퇴하는 교회 목회자
2. 사역 프로그램	사역 프로그램 수 증가 43.8%(평균 3.4점)	사역 프로그램 수 감소 42.5%(평균 2.6점)
	교인들의 사역 프로그램 참여도 증가 51.3%(평균 3.5점)	교인들의 사역 프로그램 참여도 감소 56.9%(평균 2.4점)
	평신도 사역 '활성화' 71.9%(평균 3.8점)	평신도 사역 '감소' 36.9%(평균 2.8점)
3. 변화 및 개혁에 대한 태도	시대 변화 수용 82.5%	변화 수용(52.5%)과 전통 유지(47.5%)가 공존
	개혁(변화)의 의지 있는 교인 71.3%(평균 3.8점)	개혁(변화)의 의지 있는 교인 31.3%(평균 3.0점)
	목회자의 개혁(변화) 의지 81.3%(평균 3.9점)	목회자의 개혁(변화) 의지 57.5%(평균 3.6점)
	교인들의 개혁(변화)에 대한 반응 매우 수용적 93.8%(평균 4.1점)	교인들의 개혁(변화)에 대한 반응 수용적 64.1%(평균 3.6점)
4. 지역 사회 봉사	지역 사회 교회 개방 정도 긍정률 : 56.3%	지역 사회 지역 개방 정도 긍정률 : 53.1%
	지역 사회 내 교회 인지도 긍정률 : 53.1%	지역 사회 내 교회 인지도 긍정률 : 50.6%
	지역 사회 봉사 활동 활성도 긍정률 : 32.5%	지역 사회 봉사 활동 활성도 긍정률 : 15.6%
5. 예산 사용	시무교회 지출 내부지출 중심(71.9%)	시무교회 지출 내부지출 중심(74.2%)
	외부 사역 예산 지출 증가 긍정률 : 48.1% 외부 사역 지출이 늘고 있는 부흥하는 교회	외부 사역 예산 지출 증가 긍정률 : 18.1% 외부 사역 지출이 정체 된 쇠퇴하는 교회
6. 전도 및 선교	교인들의 해외 선교 참여 비율 68.1%(평균 3.5점)	교인들의 해외 선교 참여 비율 51.9%(평균 3.5점)
	전도 관련 설교 주기 : 잦음 월 1회 이상 : 33.1%, 분기별 1회 : 36.3% 등	전도 관련 설교 주기 : 보통 월 1회 이상 : 21.3%, 분기별 1회 : 39.4%
	시무교회 교인들의 전도 실천 36.9%(3.3점)	시무교회 교인들의 전도 실천 13.1%(2.7점)
	지난 1년 간 전도 교육 및 훈련 실시 여부 긍정 : 65.0%	지난 1년 간 전도 교육 및 훈련 실시 여부 긍정 : 50.6%

	부흥하는 교회 목회자	쇠퇴하는 교회 목회자
7. 교회 갈등	갈등을 조장하는 교인 여부 있다 23.8% 갈등을 조장하는 교인의 영향력 44.7% (평균 3.0점)	갈등을 조장하는 교인 여부 있다 33.1% 갈등을 조장하는 교인의 영향력 66.0% (평균 3.6점)
	장로와 담임목사와의 갈등 없다 83.1%(평균 1.8점)	장로와 담임목사와의 갈등 없다 68.8%(평균 2.2점)
8. 기도	매주 정기기도회 하는 비율 40.0% 정기기도회 없는 비율 : 27.5%	매주 정기기도회 하는 비율 29.4% 정기기도회 없는 비율 : 32.5%
	소속 교회 교인들의 기도 열정 있음 45.6%	소속 교회 교인들의 기도 열정 있음 25.0%
	중보기도 활성화 51.3%	중보기도 활성화 26.3%
	기도 교육 활성화 52.5%	기도 교육 활성화 38.8%
9. 교회 비전	문서화된 비전/사명 선언문 여부 보유 78.1%	문서화된 비전/사명 선언문 여부 보유 60.6%
	비전/사명 선언문 성도 공유 여부 공유 92.8%	비전/사명 선언문 성도 공유 여부 공유 89.7%
10. 거버넌스	장로의 섬김 태도 섬기는 스타일 : 81.9% 섬김 받는 스타일 : 8.8%	장로의 섬김 태도 섬기는 스타일 : 62.5% 섬김 받는 스타일 : 20.0%
	교회 거버넌스 충분한 참여기회 71.9%(평균 3.8점) 교회 거버넌스 투명성 84.4%(평균 4.1점)	교회 거버넌스 충분한 참여기회 53.1%(평균 3.5점) 교회 거버넌스 투명성 70.0%(평균 3.8점)
11. 다음세대 사역	교회학교 성장 성장 비율 : 57.2% 충분한 신앙교육 제공 긍정률 : 57.2% 다음세대 신앙교육 자부심 긍정률 : 52.4% 다음세대 전도와 선교 힘쓴다 : 57.2% 부모교육 활성화 긍정률 57.2%	교회학교 성장 성장 비율 : 22.4% 충분한 신앙교육 제공 긍정률 : 29.2% 다음세대 신앙교육 자부심 긍정률 : 22.4% 다음세대 전도와 선교 힘쓴다 : 34.5% 부모교육 활성화 긍정률 34.5%
12. 소그룹	소그룹 모임 활성 비율 76.3%	소그룹 모임 활성 비율 29.4%
	소그룹 모임 빈도 : 쇠퇴하는 교회 보다 잦음 소그룹 모임 시간 : 평균 77분	소그룹 모임 빈도 : 부흥하는 교회 보다 뜸함 소그룹 모임 시간 : 평균 52분

	부흥하는 교회 목회자	쇠퇴하는 교회 목회자
13. 교회 만족도	예배(74.4%), 설교(58.8%), 친교/교제/소그룹(58.8%), 교회 봉사(53.1%) 등 모든 항목에서 만족의 비율이 높음	예배(48.8%), 설교(38.8%), 친교/교제/소그룹(22.5%), 교회 봉사(21.9%) 등 모든 항목에서 만족의 비율이 낮음
	교회 전반적 만족도 만족 81.3% 평균 4.0점	교회 전반적 만족도 만족 39.4% 평균 3.1점
	목회자 번아웃 상태 번아웃 : 18.1% 평균 2.4점	목회자 번아웃 상태 번아웃 : 50.0% 평균 3.3점
	사역지 옮길 의향 없음 : 68.1% 평균 2.1점	사역지 옮길 의향 없음 : 35.6% 평균 3.1점
14. 교회 통계 관리	출석교인, 개인별 출결 관리, 소그룹 참석자 수, 회심자 수, 사역 참여 점수 관리, 지역 인구 통계 관리 등 다방면에서 쇠퇴하는 교회보다 세부통계 관리	교회 통계 : 출석교인, 개인별 출결 관리는 부흥하는 교회와 유사한 수치를 보이나 세부통계 측면에서는 약세를 보임

2. 성도 조사

성도 조사를 통해 도출된 표 역시 부흥하는 교회와 쇠퇴하는 교회의 특징을 직관적으로 보여준다. 예배와 사역, 세대 구성, 봉사자 참여, 교회 분위기, 변화 수용성 등 다양한 항목을 기준으로 성도들이 교회의 현실을 어떻게 느끼고 평가하는지 종합적으로 비교한 것이 특징이다.

성도 조사는 교회를 실제로 구성하고 있는 사람들의 목소리를 담았다. 흥미로운 점은 목회자와 마찬가지로 성도들 역시 예배와 설교가 중요하다는 점에는 공감했지만, 그 외의 시각에서는 차이를 보였다. 성도들은 전도 활동, 다음세대 양육, 다양한 프로그램 제공과 같은 외부 지향적 요인과 현실적 필요를 더 중시했으며, 교회가 시대 변화에 충분히 부응하지 못하는 점을 성장 정체의 이유로 지적했다.

이 자료는 성도들의 기대와 고민을 구체적으로 이해하는 데 도움이 된다. 각 교회는 성도 조사를 통해, 성도들이 실제로 느끼는 필요와 목소리가 무엇인지 파악하고, 그 기대를 복음적 방향 안에서 어떻게 수용할 것인지를 고민할 수 있을 것이다.

	부흥하는 교회 성도	쇠퇴하는 교회 성도
1. 교회 현황 및 미래	교인 성장 예측 이유 1순위 : 예배와 설교(43.6%) 2순위 : 활발한 전도 활동(27.8%) 3순위 : 교회 내 다음세대(24.4%)	교인 감소 예측 이유 1순위 : 교회 내 3040세대 감소(49.2%) 2순위 : 교회 내 다음세대 감소(45.8%) 3순위 : 교회 주변 지역 인구 감소(28.0%) 시대변화에 부응하지 못함(27.2%)

	부흥하는 교회 성도	쇠퇴하는 교회 성도
1. 교회 현황 및 미래	교인 수 증가세 전체 교인 수 증가(54.2%) 새신자 수 증가(55.5%) 다음세대 수 증가(45.9%)	교인 수 감소세 전체 교인 수 감소(73.6%) 새신자 수 감소(73.1%) 다음세대 수 감소(85.6%)
	전반적 교회 분위기 : 활력 있음 활력 있음(86.0%, 평균 4.3점)	전반적 교회 분위기 : 활력 없음 활력 있음(37.4%, 평균 3.2점)
2. 사역 프로그램	시무교회 사역 강점 예배 : 36.8% 친교/교제/소그룹 20.8% 다음세대 15.2%	시무교회 사역 강점 예배 : 40.8% 친교/교제/소그룹 17.4% 다음세대 16.8%
	코로나 위기에서도 사역 프로그램 수 증가 55.5%(평균 3.5점)	코로나 위기에서도 사역 프로그램 수 감소 42.6%(평균 2.6점)
	코로나 위기에서도 교인들의 사역 프로그램 참여도 증가 증가했다 52.6%(평균 3.5점)	코로나 위기에서도 교인들의 사역 프로그램 참여도 감소 감소했다 42.6%(평균 2.4점)
	평신도 사역 '활성화' 활발하다 72.8%(평균 3.9점)	평신도 사역 '감소' 활발하다 29.4%(평균 3.0점)
3. 변화 및 개혁에 대한 태도	시대 변화 수용 74.2%	변화 수용(48.6%)과 전통 유지(51.4%)가 공존
	개혁(변화)의 의지 있는 교인 64.2%(평균 3.7점)	개혁(변화)의 의지 있는 교인 26.0%(평균 3.0점)
	목회자의 개혁(변화) 의지 68.2%(평균 3.8점)	목회자의 개혁(변화) 의지 37.2%(평균 3.2점)
	교인들의 개혁(변화)에 대한 반응 매우 수용적 36.1%(평균 4.3점)	교인들의 개혁(변화)에 대한 반응 매우 수용적 10.2%(평균 3.8점)
4. 지역 사회 봉사	지역 사회 교회 개방 정도 긍정률 : 61.6%	지역 사회 지역 개방 정도 긍정률 : 46.4%
	지역 사회 내 교회 인지도 긍정률 : 71.9%	지역 사회 내 교회 인지도 긍정률 : 52.0%
	지역 사회 봉사 활동 활성도 긍정률 : 63.2%	지역 사회 봉사 활동 활성도 긍정률 : 27.0%
5. 예산 사용	시무교회 지출 내부지출 중심(71.9%)	시무교회 지출 내부지출 중심(74.2%)
	외부 사역 예산 지출 증가 긍정률 : 41.4% 외부 사역 지출이 늘고 있는 부흥하는 교회	외부 사역 예산 지출 증가 긍정률 : 16.2% 외부 사역 지출이 정체 된 쇠퇴하는 교회

	부흥하는 교회 성도	쇠퇴하는 교회 성도
6. 전도 및 선교	선교 관심도 관심 있음 : 70.4% 평균 3.9점	선교 관심도 관심 있음 : 52.8% 평균 3.5점
	교인들의 해외 선교 활발함 80.9%(평균 4.2점)	교인들의 해외 선교 활발함 61.3%(평균 3.6점)
	전도 관련 설교 주기 : 잦음 월 1회 이상 : 44.4%, 분기별 1회 : 32.0% 등	전도 관련 설교 주기 : 보통 월 1회 이상 : 29.6% 분기별 1회 : 30.8% 등
	교인들의 전도 실천 55.6%(평균 3.5점)	교인들의 전도 실천 24.6%(평균 2.9점)
	출석교회 전도 프로그램 다양성 긍정 : 48.4%(평균 3.4점)	출석교회 전도 프로그램 다양성 긍정 : 19.5%(평균 2.8점)
	지난 1년 간 전도 교육 및 훈련 실시 여부 긍정 : 66.4%	지난 1년 간 전도 교육 및 훈련 실시 여부 긍정 : 50.6%
7. 교회 갈등	갈등을 조장하는 교인 여부 15.0% "있다" 갈등을 조장하는 교인의 영향력 49.3%(평균 3.3점)	갈등을 조장하는 교인 여부 22.2% "있다" 갈등을 조장하는 교인의 영향력 55.0%(평균 3.6점)
	출석교회 담임목사 갈등 조장 여부 6.6% 갈등 조장 목회자 처우 떠나게 한다 : 49.4%	출석교회 담임목사 갈등 조장 여부 14.4% 갈등 조장 목회자 처우 떠나게 한다 : 59.2%
	장로와 담임목사와의 갈등: 2.4%(평균 1.8점)	장로와 담임목사와의 갈등: 9.0%(평균 2.3점)
8. 기도	매주 정기기도회 하는 비율 50.4% 정기기도회 없는 비율 10.6%	매주 정기기도회 하는 비율 42.4% 정기기도회 없는 비율 17.8%
	1년간 기도회 참석 빈도 매번 참석했다 : 32.0%	1년간 기도회 참석 빈도 매번 참석했다 : 21.7%
	소속 교회 교인들의 기도 열정 있음 45.6%	소속 교회 교인들의 기도 열정 있음 25.0%
	중보기도 활성화 51.3%	중보기도 활성화 26.3%
	기도 교육 활성화 52.5%	기도 교육 활성화 38.8%
9. 교회 비전	문서화된 비전/사명 선언문 여부 보유 73.4%	문서화된 비전/사명 선언문 여부 보유 65.8%

	부흥하는 교회 성도	쇠퇴하는 교회 성도
9. 교회 비전	비전/사명 선언문 성도 공유 여부 공유 88.6%	비전/사명 선언문 성도 공유 여부 공유 79.9%
10. 거버넌스	장로의 섬김 태도 섬기는 스타일 : 81.9% 섬김 받는 스타일 : 8.8% 교회 거버넌스 충분한 참여기회 63.6%(평균 3.7점) 교회 거버넌스 투명성 70.8%(평균 4.1점)	장로의 섬김 태도 섬기는 스타일 : 62.5% 섬김 받는 스타일 : 20.0% 교회 거버넌스 충분한 참여기회 40.0%(평균 3.3점) 교회 거버넌스 투명성 42.6%(평균 3.8점)
11. 다음세대 사역	교회학교 성장 성장 비율 : 82.7% 충분한 신앙교육 제공 긍정률 : 83.1% 부모교육 활성화 긍정률 : 61.0% 교회학교와 다른 부서와의 소통 긍정률 : 66.1%	교회학교 성장 성장 비율 : 35.6% 충분한 신앙교육 제공 긍정률 : 44.8% 부모교육 활성화 긍정률 : 29.3% 교회학교와 다른 부서와의 소통 긍정률 : 31.2%
12. 소그룹	소그룹 모임 활성 비율 76.3% 소그룹 모임 매주 참석 52.7% 소그룹 모임 빈도 : 쇠퇴하는 교회 보다 잦음 소그룹 모임 시간 : 평균 51분	소그룹 모임 활성 비율 29.4% 소그룹 모임 매주 참석 37.1% 소그룹 모임 빈도 : 부흥하는 교회 보다 뜸함 소그룹 모임 시간 : 평균 45분
13. 교회 만족도	예배(86.2%), 설교(84.6%), 친교/교제/소그룹(72.4%), 교회 봉사(69.2%) 등 모든 항목에서 만족의 비율이 높음 교회 전반적 만족도 만족 87.6% 평균 4.2점	예배(65.6%), 설교(60.2%), 친교/교제/소그룹(38.8%), 교회 봉사(41.%) 등 모든 항목에서 부흥하는 교회 성도보다 만족의 비율이 낮음 교회 전반적 만족도 만족 39.4% 평균 3.1점

부록 4 정성조사 결과 요약

부흥하는 교회 핵심 키워드

부흥하는 교회의 목회자 인터뷰에서 공통으로 또는 주요하게 언급된 키워드를 발췌 및 수정 보완하여 워드 클라우드(word cloud) 형태로 제시하였다. 키워드의 가시성을 높이기 위해 컬러로 구분하였으며, 폰트의 사이즈와 볼드로 빈도 및 공통성을 표현하였다.

목회자의 끊임없는 영적 무장

뚜렷한 비전과 공유 예배 **복음** 공간 진정성 열정/도전 자발적 무브먼트
리더십/소통 문화는 수단 **본질** 교제/접촉 선교
사랑/존중/섬김 **훈련/양육** 양질의 프로그램 기도 평신도 사역 참여
새가족/전도 소속감/공동체성 30-40 주축 사회복지 열린/개방형
다음세대 크리스챤의 향기
적극적 지역 사회 헌신 **소그룹** 성도 신앙 지표 관리

시대를 이끄는 변화

부흥하는 교회에서 언급된 주요 키워드를
추구하는 가치와 목표/활동 영역/현상 등을 기준으로
그룹핑하여 다음과 같은 8가지의 주요 특징을 도출하였다.

복음의 본질이 최우선	교육 훈련과 기도 중시
소그룹을 통해 공동체성 제고	허리세대(30-40대)에 집중
변화에 대한 적극적 수용	사랑/존중/섬김이 전반적 분위기
적극적 선교 참여/지역 사회 헌신	성도에 대한 밀착관리

쇠퇴하는 교회 핵심 키워드

쇠퇴하는 교회의 목회자 인터뷰에서 공통으로 또는 주요하게 언급된 키워드를 발췌 및 수정 보완하여 워드 클라우드(word cloud) 형태로 제시하였다. 키워드의 가시성을 높이기 위해 컬러로 구분하였으며, 폰트의 사이즈와 볼드로 빈도 및 공통성을 표현하였다.

도전/변화에 대한 두려움   갈등/대립
낮은 의욕   **리더십 부재**   부정적/비판적
소통이 아닌 눈치   독단적   번아웃   섬김보다는 인정
환경 탓   가치관의 변화 탓   부족한 시스템   **30-40대 부족**
평신도 사역 부족   **소그룹이 약한**
양육의 부재   사역의 밸런스 부족   내면의 친밀함 부족
영성훈련 부재   낮은 성도 참여율   형식적인 기도
명확하지 않은 비전   특징이 없는
지역 사회 헌신 부족

쇠퇴하는 교회에서 언급된 주요 키워드를
현상/물리적 변화/정신적 상태 등을 기준으로
그룹핑하여 다음과 같은 8가지의 주요 특징을 도출하였다.

사회 탓, 환경 탓, 사람 탓	변화를 거부하는 교회
결국 봉합되지 않은 갈등과 대립	회피하고 비관하는 목회자
점차 소홀해지는 영성 훈련	느슨해지거나 끊어져버린 소통과 교제
허리세대 이탈	봉사/선교/헌신/나눔이 줄어드는 교회

부록 5 교회 진단 검사지

이 체크 리스트는 본 조사에 사용한 설문의 내용을 압축하여 정리한 양식으로 귀 교회의 현재 상태를 진단하기 위한 도구로 사용할 수 있습니다. 또한 목회자용과 일반 성도용을 따로 만들었기에 목적에 맞게 이 체크 리스트를 활용하여 교회의 현재 모습과 건강성을 진단해 보시기 바랍니다.

☑ 목회자용 가이드
목회자뿐만 아니라 중직자들을 대상으로 진행하셔도 좋습니다. 응답자들의 총점 합계를 구한 뒤 참여 인원수로 나누면 교회의 평균 점수가 산출됩니다(10명이 응답한 경우, 총점 합계÷10=평균 점수). 귀 교회의 평균 점수와 체크 리스트 밑에 기재된 점수(전국 평균)를 비교해보면 귀 교회의 상대적 강약점을 파악하실 수 있습니다.

☑ 일반 성도용 가이드
일반 성도를 대상으로 진행하기 어려우면 중직자들만 대상으로 하셔도 좋습니다. 응답자들의 총점 합계를 구한 뒤 참여 인원수로 나누면 교회의 평균 점수가 산출됩니다(10명이 응답한 경우, 총점 합계÷10=평균 점수). 귀 교회의 평균 점수와 체크 리스트 밑에 기재된 점수(전국 평균)를 비교해보면 귀 교회의 상대적 강약점을 파악하실 수 있습니다.

진행 과정에 문의사항이 있다면 목회데이터연구소(02-322-0726)로 연락 주시면 친절히 안내해드리겠습니다.

부흥하는 교회 쇠퇴하는 교회 측정 체크 리스트(목회자용)

카테고리	체크 리스트	전혀 그렇지않다 (1점)	그렇지 않다 (2점)	보통이다/ 잘모르겠다 (3점)	그렇다 (4점)	매우 그렇다 (5점)
교회현황	5년 전과 비교하여 전체 교인 수가 증가했다					
	5년 전과 비교하여 다음세대 수가 증가했다					
	5년 전과 비교하여 3040세대 교인이 증가했다					
	5년 전과 비교하여 우리 교회 봉사자 수는 증가했다					
	우리 교회는 점차 고령화 되고 있다					
사역 프로그램	5년 전과 비교하여 사역 프로그램 수가 증가했다					
	5년 전과 비교하여 교인들의 사역프로그램 참여도가 증가했다					
	우리 교회는 평신도 사역이 활성화되어 있다					
변화에 대한 태도	우리 교회는 시대에 맞게 교회를 변화하고 있다					
	나는 변화에 대한 의지가 있다					
	우리 교회 성도님들은 변화에 대한 의지가 있다					
지역 사회 봉사	우리 교회는 지역 사회 봉사 활동을 활발하게 하고 있다					
사역 및 예산사용	우리 교회는 우리 교회만의 특별한 사역이 있다					
	우리는 외부사역(선교, 지역 사회봉사 등)에 지출이 늘고 있다					
전도 및 선교	우리 교회 교인들은 다른 교회보다 전도를 열심히 한다					
	우리 교회는 해외선교가 활발하게 이루어지고 있다					
기도	우리 교회는 중보기도가 활성화되어 있다					
	우리 교회 교인들은 기도에 열정이 있다					
교회비전	우리 교회는 우리 교회만의 확실한 비전 혹은 사명이 있다					
다음세대	우리 교회 교회학교는 성장하고 있다					
	우리 교회는 다음세대에 충분한 신앙교육을 제공한다					
	우리 교회는 부모교육이 활성화되어 있다					
소그룹 사역	우리 교회 소그룹 모임은 활성화되어 있다					
	우리 교회 소그룹 모임은 정기적으로 진행한다					
교회 만족도	나는 우리 교회 예배에 만족한다					
	나는 우리 교회에 대해서 만족한다					
	합계					
	총합(점)					

106~130점	부흥하는 교회	전반적으로 건강하며 성장하고 있음. 현재의 사역을 지속 확장하고, 약한 부분에 전략적으로 투자할 단계.
80~105점	부흥하고 있는 교회	부흥하고 있는 교회, 체크 리스트 중 부족한 항목을 보완한다면 도약이 가능
54~79점	쇠퇴하고 있는 교회	죽은 교회는 아니지만 쇠퇴하고 있으니 전반적 교회 구조 및 사역 진단 필요.
26~53점	쇠퇴하는 교회	다수 영역에서 매우 낮은 평가. 전면적인 개혁이 필요함.

부흥하는 교회 쇠퇴하는 교회 측정 체크 리스트(일반 성도용)

카테고리	체크 리스트	전혀 그렇지않다 (1점)	그렇지 않다 (2점)	보통이다/ 잘모르겠다 (3점)	그렇다 (4점)	매우 그렇다 (5점)
교회현황	5년 전과 비교하여 전체 교인 수가 증가했다					
	우리 교회는 점차 고령화 되고 있다					
사역 프로그램	5년 전과 비교하여 사역 프로그램 수가 증가했다					
	5년 전과 비교하여 교인들의 사역프로그램 참여도가 증가했다					
	우리 교회는 평신도 사역이 활성화되어 있다					
변화에 대한 태도	우리 교회는 시대에 맞게 교회를 변화하고 있다					
	나는 변화에 대한 의지가 있다					
	우리 교회 성도님들은 변화에 대한 의지가 있다					
지역 사회 봉사	우리 교회는 지역 사회 봉사 활동을 활발하게 하고 있다					
사역 및 예산사용	우리 교회는 우리 교회만의 특별한 사역이 있다					
	우리는 외부사역(선교, 지역 사회봉사 등)에 지출이 늘고 있다					
전도 및 선교	우리 교회 교인들은 다른 교회보다 전도를 열심히 한다					
	우리 교회는 해외선교가 활발하게 이루어지고 있다					
기도	우리 교회는 중보기도가 활성화되어 있다					
	우리 교회 교인들은 기도에 열정이 있다					
교회비전	우리 교회는 우리 교회만의 확실한 비전 혹은 사명이 있다					
소그룹 사역	우리 교회 소그룹 모임은 활성화되어 있다					
	우리 교회 소그룹 모임은 정기적으로 진행된다					
교회 만족도	나는 우리 교회 예배에 만족한다					
	나는 우리 교회에 대해서 만족한다					
합계						
총합(점)						

86~100점	부흥하는 교회	전반적으로 건강하며 성장하고 있음. 현재의 사역을 지속 확장하고, 약한 부분에 전략적으로 투자할 단계.
66~85점	부흥하고 있는 교회	부흥하고 있는 교회, 체크 리스트 중 부족한 항목을 보완한다면 도약이 가능
46~65점	쇠퇴하고 있는 교회	죽은 교회는 아니지만 쇠퇴하고 있으니 전반적 교회 구조 및 사역 진단 필요.
20~45점	쇠퇴하는 교회	다수 영역에서 매우 낮은 평가. 전면적인 개혁이 필요함.

미주

1 Richard Lovelace, Synamics of Spiritual Life: An Evangelical Theology of Renewal (IVP, 1979), 21.
2 존 스토트, 《에베소서 강해: 하나님의 새로운 사회》 (IVP, 2007), 205.
3 본 조사 연구팀이 교인 수 증가와 감소를 결정짓는 영향변수를 추출함에 있어 대표적인 목회의 14개 항목을 선정하여 각각 통계적 상관관계를 구하였다.
4 각 단계별 정의는 다음과 같다
1단계 : 나는 하나님을 믿지만, 그리스도에 대해서는 잘 모르겠다. 내 종교는 아직까지 삶에서 큰 비중을 차지하지 않는다.
2단계 : 나는 예수님을 믿으며, 그분을 알기 위해 여러 가지 일을 하고 있다.
3단계 : 나는 그리스도와 가까이 있으며, 매일 그분의 인도하심에 의지한다.
4단계 : 하나님은 내 삶의 전부이며, 나는 그분으로 충분하다. 나의 모든 일은 그리스도를 드러낸다.
5 지용근 외, 《한국 교회 진단 리포트》 (두란노, 2025), 183.
6 톰 레이너, 《우리 교인 다 어디로?》 (두란노, 2024), 47.
7 톰 레이너, 《죽은 교회를 부검하다》 (두란노, 2022), 55.
8 톰 레이너, 《죽은 교회를 부검하다》 (두란노, 2022), 33.

부흥하는 교회 쇠퇴하는 교회

초판 1쇄 발행	2025년 8월 7일
초판 4쇄 발행	2025년 9월 5일
지은이	목회데이터연구소 지용근 김선일
조사연구	지앤컴리서치 김진양 김찬솔 한미경
펴낸이	여진구
책임편집	안수경 김도연
편집	이영주 최현수 구주은 김아진 배예담
책임디자인	남은진 노지현	마영애 조은혜 정은혜
홍보 · 외서	진효지
마케팅	김상순 강성민
마케팅지원	최영배 정나영
제작	조영석 허병용
경영지원	김혜경 김경희

303비전성경암송학교 유니게 과정
이슬비전도학교 / 303비전성경암송학교 / 303비전꿈나무장학회

펴낸곳	규장

주소 06770 서울시 서초구 매헌로 16길 20(양재2동) 규장선교센터
전화 02)578-0003　팩스 02)578-7332
이메일 kyujang0691@gmail.com　　　홈페이지 www.kyujang.com
페이스북 facebook.com/kyujangbook　인스타그램 instagram.com/kyujang_book
카카오스토리 story.kakao.com/kyujangbook
등록번호 1922-2461
since 1978.08.14

ⓒ 저자와의 협약 아래 인지는 생략되었습니다.
이 출판물은 저작권법에 의해 보호를 받는 저작물이므로 무단 전재와 무단 복제를 할 수 없습니다.

책값　뒤표지에 있습니다.
ISBN 979-11-6504-644-6 03230

규 | 장 | 수 | 칙

1. 기도로 기획하고 기도로 제작한다.
2. 오직 그리스도의 성품을 사모하는 독자가 원하고 필요로 하는 책만을 출판한다.
3. 한 활자 한 문장에 온 정성을 쏟는다.
4. 성실과 정확을 생명으로 삼고 일한다.
5. 긍정적이며 적극적인 신앙과 신행일치에의 안내자의 사명을 다한다.
6. 충고와 조언을 항상 감사로 경청한다.
7. 지상목표는 문서선교에 있다.

하나님을 사랑하는 자 곧 그의 뜻대로 부르심을 입은 자들에게는 모든 것이 合力하여 善을 이루느니라(롬 8:28)

규장은 문서를 통해 복음전파와 신앙교육에 주력하는 국제적 출판사들의
협의체인 복음주의출판협회(E.C.P.A:Evangelical Christian Publishers
Association)의 출판정신에 동참하는 회원(Associate Member)입니다.